Jardiner pour vaincre l'anxiété et cultiver le bonheur

Saad Rahal

Préface

À l'aube de cette aventure verdoyante qu'est "Jardiner pour vaincre l'anxiété et cultiver le bonheur", nous vous convions à une immersion profonde dans une expérience transformatrice où le jardinage transcende son statut de passe-temps pour se muer en un puissant vecteur de bien-être psychologique. Cette pratique, héritée de nos ancêtres et toujours d'actualité, nous offre les clés d'une reconnexion essentielle avec nos racines, avec le sol nourricier, et in fine, avec notre for intérieur. Cette introduction se veut être le seuil vers un univers où la croissance des végétaux en miroir de notre évolution personnelle trace le chemin vers un apaisement de l'âme.

Structuré en quinze segments, cet ouvrage est conçu pour guider, illuminer et motiver. Dès l'ouverture sur le jardinage thérapeutique, où je partage ma propre épopée de guérison à travers la terre, jusqu'aux réflexions finales sur les innovations et les adaptations nécessaires face aux défis climatiques actuels, chaque section représente une étape supplémentaire dans l'appréhension de la relation intime entre le jardinage et notre bien-être psychologique.

Abordant les complexités de l'anxiété sous le prisme bienveillant de la nature, la deuxième partie pose un diagnostic éclairé, ponctué de récits de résilience et de guérison qui résonnent avec authenticité. L'attention portée au choix des plantes et à la conceptualisation d'un espace vert thérapeutique révèle comment le jardinage peut nourrir l'esprit aussi bien que le corps.

Le cœur de cet ouvrage bat au rythme des méthodes de jardinage spécifiquement orientées vers le soutien psychologique, naviguant à travers les concepts de sensorialité, de mindfulness, et de création de refuges paisibles. Chacune de ces approches se révèle être une clé ouvrant sur notre potentiel de bien-être, nous enseignant à écouter les susurrements de la nature et à y trouver consolation et élan créatif.

L'aspect nourricier du jardin, source de sustentation pour l'âme et le corps, est également mis en lumière, soulignant la transformation du jardin en garde-manger vivant et sain ainsi que l'importance d'un jardinage inclusif, accessible à tous sans exception. La biodiversité et les pratiques durables sont célébrées comme fondements d'un espace vert respectueux de son environnement, tandis que les conseils adaptés aux petits espaces démontrent que le jardinage thérapeutique sait s'affranchir des contraintes physiques.

Les sections dédiées aux cultures spécifiques, aux défis du jardinage et à l'anticipation des futures évolutions mettent en avant la nature évolutive de cette pratique, un apprentissage continu qui nous invite à l'adaptation et à l'innovation. La partie consacrée au jardinage d'intérieur et au renouement avec la terre souligne à quel point notre équilibre psychologique est lié à notre rapport à la nature.

Cet ouvrage se veut être à la fois un manuel et une source d'inspiration. La conclusion, ouvrant sur les leçons tirées et invitant à l'action, appelle à considérer le jardinage non pas simplement comme un loisir, mais comme un chemin vers une existence plus sereine et équilibrée. Les ressources complémentaires proposées encouragent le lecteur à poursuivre sa quête, à enrichir sa pratique et à partager sa flamme.

Ainsi, au fil de "Jardiner pour vaincre l'anxiété et cultiver le bonheur", nous avançons de concert sur un sentier jalonné de verdure, où chaque pas est une révélation, chaque plante une compagne de route, et chaque jardin un sanctuaire de tranquillité. Puissent ces pages vous accompagner dans votre quête de bien-être, vous inspirer à cultiver votre espace vert intérieur et extérieur, et vous rappeler que, dans le sol comme dans l'existence, les floraisons les plus magnifiques succèdent souvent aux averses les plus fortes.

Introduction

Dans la quiétude de mon jardin, où le temps semble suspendre son vol, j'ai découvert un sanctuaire. Ce récit n'est pas seulement une ode au jardinage, mais un témoignage de sa puissance transformatrice, capable de guérir un cœur meurtri et d'apaiser un esprit tourmenté. Laissez-moi vous emmener dans ce voyage, où chaque grain de terre et chaque feuille murmure des histoires de résilience et de renouveau.

Il fut un temps où le tumulte intérieur menaçait de submerger mon existence. Engluée dans les sables mouvants de l'anxiété, je me trouvais souvent incapable de respirer librement, prisonnière d'un monde qui tournait trop vite pour que je puisse y trouver ma place. C'est dans ce contexte, à un moment où tout espoir semblait perdu, que j'ai découvert le jardinage, presque par accident. Ce fut une révélation, un éclat de lumière dans les ténèbres, me guidant vers un chemin de guérison et d'épanouissement personnel.

Mon jardin n'était au départ qu'un lopin de terre négligé, un espace sauvage et indompté qui reflétait mon tumulte intérieur. Mais alors que je commençais à y travailler, à retourner la terre et à semer de délicates semences, un changement s'opéra en moi. Chaque coup de pioche, chaque graine plantée devenait une métaphore de ma propre transformation. Le jardinage m'enseigna la patience, la persévérance et l'humilité, des leçons puisées dans le rythme immuable de la nature.

Avec le temps, mon jardin et moi, nous avons grandi ensemble. Les plantes que j'avais semées avec tant de soin commencèrent à fleurir, transformant le chaos en un havre de paix et de beauté. Les couleurs vives des fleurs, le vert apaisant des feuilles et le doux parfum de la terre mouillée devenaient mes compagnons quotidiens, m'aidant à trouver la sérénité dans les moments de doute. Chaque nouvelle pousse, chaque bourgeon qui éclatait, était une victoire sur l'anxiété, un rappel que même dans les sols les plus arides, la vie trouve un chemin.

Le jardinage m'a également appris l'importance de prendre soin de moi. Tout comme les plantes ont besoin d'eau, de lumière et de nutriments pour prospérer, j'ai appris à nourrir mon corps et mon esprit, à chercher des moments de calme et de contemplation. J'ai découvert que le simple fait de mettre les mains dans la terre pouvait être incroyablement apaisant, un lien tangible avec le cycle de la vie qui nous entoure.

Mais plus que tout, le jardinage m'a offert une perspective nouvelle sur la vie. Dans mon jardin, j'ai appris à accepter l'impermanence, à embrasser les cycles de croissance et de déclin qui sont le propre de l'existence. J'ai appris à célébrer les petites victoires, à chérir les moments de beauté éphémère, et à trouver de la joie dans l'acte simple de prendre soin d'autre chose que de moi-même.

Aujourd'hui, mon jardin est bien plus qu'un simple espace extérieur. C'est une extension de moi-même, un témoignage vivant de ma lutte contre l'anxiété et de ma quête de bien-être. Il m'a appris que, même dans les moments les plus sombres, il y a toujours un potentiel de croissance, de transformation et de guérison. Le jardinage n'est pas seulement une activité; c'est une métaphore puissante pour la vie elle-même, un rappel constant que, malgré les obstacles, la beauté et l'espoir peuvent fleurir dans les endroits les plus inattendus.

Ce livre est mon invitation pour vous à découvrir le pouvoir thérapeutique du jardinage, à trouver dans la terre et dans les plantes une source de paix et d'inspiration. Que vous soyez un jardinier chevronné ou un novice complet, il y a quelque chose dans le jardinage qui parle à chacun de nous, un langage universel de croissance, de résilience et de renouveau. Bienvenue dans ce voyage, où nous apprendrons ensemble à cultiver notre jardin intérieur, à semer les graines de la sérénité et à récolter les fruits du bien-être.

1.1 Le jardinage pour le bien-être mental

Alors que les premiers rayons du soleil viennent caresser la
rosée matinale, une danse subtile s'opère dans mon jardin.
C'est dans cet écrin de verdure que j'ai découvert non
seulement une passion, mais un puissant remède contre les
maux de l'âme. Le lien entre le jardinage et le bien-être
mental n'est pas seulement une croyance ancestrale ; il est
étayé par une science de plus en plus riche et convaincante.

L'acte de jardiner, de se connecter physiquement à la terre,
est un puissant antidote contre le stress et l'anxiété. Des
études montrent que le simple fait de mettre les mains dans
la terre, de sentir la texture du sol et l'odeur de la terre
humide, peut significativement réduire les niveaux de stress.
Ce phénomène, souvent décrit comme l'effet de la nature
sur notre bien-être, a une base scientifique solide : il active
dans notre cerveau des mécanismes de récompense et libère
des endorphines, les hormones du bonheur.

La science derrière ce bienfait repose en partie sur une
bactérie présente dans le sol, _Mycobacterium vaccae_, qui
a été liée à l'amélioration de la fonction cognitive, à la
diminution de l'anxiété et à l'augmentation du sentiment de
bonheur. Respirer dans un jardin, toucher la terre, planter et
rempoter peuvent donc être considérés comme des actes
méditatifs, rattachant notre corps et notre esprit à un état de
bien-être naturel.

Mais le jardinage nourrit également l'esprit d'une manière qui dépasse la simple interaction physique avec la nature. Il nous enseigne la patience et la persévérance. Observer une graine se transformer lentement en plante est un rappel puissant que la croissance nécessite du temps et que les plus belles récompenses ne sont pas immédiates. Dans un monde où tout va vite, le jardinage nous offre une pause, un espace pour ralentir et apprécier le moment présent.

En outre, le jardinage stimule notre créativité. Choisir quelles plantes cultiver, décider de l'agencement d'un parterre de fleurs ou simplement harmoniser les couleurs et les textures sont des actes créatifs qui nourrissent notre âme. La satisfaction de voir le résultat de notre travail, de notre imagination et de notre soin est incomparable. Cela renforce notre estime de soi, nous rappelant que nous avons le pouvoir de créer de la beauté et du changement positif dans notre environnement immédiat.

Le jardinage est aussi un acte de soin, non seulement envers les plantes mais aussi envers soi-même. En prenant soin d'un jardin, nous apprenons à prendre soin de nous. C'est un temps dédié à notre bien-être, où les soucis peuvent être mis de côté alors que nous nous concentrons sur les besoins des plantes. Cette attention portée à autre chose qu'à nos propres pensées peut être incroyablement libératrice et thérapeutique.

De plus, le jardinage comme activité physique modérée peut améliorer la condition physique, renforcer les muscles et améliorer l'endurance. L'exercice physique, même léger, libère des endorphines, contribuant à un sentiment général de bien-être. Le jardinage combine l'exercice physique avec la lumière naturelle du soleil, augmentant les niveaux de vitamine D, essentielle pour notre humeur et notre système immunitaire.

Enfin, le jardinage crée des liens. Que ce soit en partageant des graines avec un voisin, en rejoignant un groupe de jardinage communautaire ou simplement en discutant avec d'autres passionnés, le jardinage ouvre la porte à une communauté de personnes partageant les mêmes idées. Ces connexions sociales sont fondamentales pour notre santé mentale, offrant soutien, encouragement et un sentiment d'appartenance.

À travers ces pages, je souhaite vous faire découvrir non seulement les joies du jardinage mais aussi les fondements scientifiques qui en font une pratique si bénéfique pour notre bien-être mental. Mon jardin est devenu mon havre de paix, un lieu où je trouve équilibre et sérénité. J'espère qu'en partageant mon expérience, vous serez inspirés à créer votre propre espace de guérison, où la science et la nature se rencontrent pour tisser un sanctuaire de bien-être.

1.2 Commencer simplement

Le jardinage, pour beaucoup, évoque des images de vastes espaces verts, de rangées impeccables de légumes et de fleurs éclatantes. Pourtant, l'aventure du jardinage peut débuter bien plus modestement, dans l'humilité d'un rebord de fenêtre ou la simplicité d'un petit balcon. C'est là, dans ces premiers pas souvent hésitants, que se trouve la véritable magie du jardinage. Laissez-moi vous guider à travers ce voyage initial, où chaque petite action devient le prélude à une transformation profonde, tant de l'espace que de l'âme.

Commencer simplement, c'est d'abord reconnaître que chaque grand jardin a commencé par une seule plante. Mon propre voyage dans le monde du jardinage n'a pas débuté par une ambition démesurée, mais par une curiosité douce et un désir d'apporter un brin de nature dans ma vie quotidienne. C'était avec une simple jardinière et quelques graines de basilic que j'ai entamé ce périple, apprenant au fil des jours à observer, à soigner et à célébrer chaque petit signe de croissance.

Pour ceux qui se tiennent au seuil de leur aventure de jardinage, je propose une approche douce et accessible. Commencez par choisir un lieu. Il n'est pas nécessaire de disposer d'un grand espace ; un coin de fenêtre, un balcon ou même un petit bout de cour suffira. L'important est de trouver un espace qui reçoit de la lumière naturelle, signe vital pour vos futures plantes.

Ensuite, sélectionnez quelques contenants. Les possibilités sont infinies, allant des pots traditionnels aux jardinières, en passant par des récipients recyclés avec créativité. L'essentiel est de s'assurer que chaque contenant permette un bon drainage pour éviter que les racines ne se retrouvent submergées par l'eau.

Le choix des plantes est une étape délicieuse, empreinte de possibilités. Pour les débutants, je recommande de commencer par des plantes robustes et indulgentes, telles que des herbes aromatiques (basilic, menthe, thym) ou des plantes d'intérieur tolérantes à la négligence comme le pothos ou les succulentes. Ces plantes offrent non seulement une satisfaction rapide grâce à leur croissance, mais elles sont également pardonnantes, pouvant supporter quelques erreurs de débutant.

L'acte de planter, même à cette échelle réduite, est un moment de connexion profonde avec la nature. Remplissez vos contenants de terreau de qualité, faites un petit trou pour accueillir vos graines ou vos jeunes plants, et ressentez la texture de la terre, humide et accueillante. C'est dans cet instant précis que commence la véritable magie, un pacte silencieux entre le jardinier et la plante, scellé par la terre et l'eau.

L'arrosage et l'entretien suivent, intégrant le jardinage dans votre routine quotidienne. Ces moments ne doivent pas être perçus comme de simples tâches, mais plutôt comme des rituels, des instants de calme et de concentration dans le tumulte de la vie moderne. Observer chaque jour vos plantes, noter les changements, même minimes, est une pratique de pleine conscience, un rappel de la beauté de la croissance et de la transformation.

Enfin, le plus important dans ces premiers pas est de cultiver la patience et la gentillesse envers soi-même. Le jardinage, comme toute compétence, s'apprend avec le temps. Il y aura des réussites éclatantes et des échecs, des plantes qui prospèrent et d'autres qui périssent. Chaque expérience, qu'elle soit joyeuse ou décevante, est une leçon, un pas de plus sur le chemin de la découverte et de la connexion avec le monde naturel.

Commencer simplement en jardinage, c'est embrasser l'idée que chaque petit espace peut devenir un sanctuaire de verdure, et que chaque individu, quelles que soient ses connaissances préalables, peut trouver dans la terre un cspacc de guérison et de joie. C'est une invitation à ralentir, à observer, et à célébrer les petites victoires, les bourgeons naissants et les premières récoltes. C'est, en fin de compte, une porte ouverte sur un monde où la beauté, la croissance et le bien-être sont à la portée de tous.

1.3 Les outils essentiels

Au cœur de chaque jardin, qu'il soit un humble balcon fleuri ou un vaste domaine, réside un ensemble d'outils, simples mais essentiels, qui lient le jardinier à son labeur. Ces instruments, bien que modestes, sont les compagnons fidèles de nos aspirations vertes, les médiateurs silencieux entre nos mains et la terre nourricière. L'art de se préparer efficacement pour le jardinage ne réside pas dans l'accumulation d'équipements sophistiqués, mais dans le choix judicieux d'outils essentiels qui reflètent notre engagement envers la simplicité, la durabilité et l'intimité avec notre environnement.

✓ La Truelle : L'Extension de la Main

Commencez par la truelle, prolongement naturel de la main, qui incarne la relation intime du jardinier avec la terre. Choisissez une truelle robuste, dont le manche tient bien en main et dont le métal résiste à l'épreuve du temps et de l'usage. Elle est votre première alliée pour planter, transplanter, et inviter la vie dans votre jardin.

✓ Le Sécateur : Sculpteur de Vie

Le sécateur, quant à lui, est l'outil du discernement, permettant de tailler, de former et parfois de régénérer. Il rappelle que le jardinage est un acte de création autant que de soin, sculptant la verdure avec précision et amour. Un bon sécateur doit être à la fois tranchant et confortable, capable de couper net sans blesser ni la plante ni la main qui le guide.

✓ L'Arrosoir : Le Porteur d'Eau

L'arrosoir, humble vaisseau, est essentiel pour apporter l'eau, source de toute vie, à nos plantes assoiffées. Que vous choisissiez un modèle classique ou un système d'irrigation plus moderne, l'important est de considérer les besoins spécifiques de vos plantes, offrant à chacune la juste mesure d'hydratation dont elle a besoin pour s'épanouir.

✓ La Fourche et la Bêche : Les Architectes du Sol

La fourche et la bêche sont les outils de la transformation, permettant d'aérer et de retourner la terre, préparant le lit de nos futures récoltes. Elles nous rappellent que le jardinage commence bien avant la plantation, dans la préparation minutieuse du sol, garant de la santé et de la vigueur de notre jardin.

✓ Le Râteau : L'Harmonisateur

Le râteau, avec ses dents écartées, est l'instrument de l'harmonie, nivelant le sol et rassemblant les débris végétaux. Il est l'outil qui finalise l'espace de plantation, créant un tableau propre et accueillant pour les semences et les jeunes pousses.

✓ Le Fil de Jardin : Le Guide

Enfin, le fil de jardin, souvent sous-estimé, est le guide fidèle qui assure la droiture et l'ordre, permettant de tracer des lignes pour les semis ou de soutenir les plantes grimpantes. Il symbolise la planification et le soutien, qualités indispensables du jardinier attentif.

Ces outils, dans leur simplicité, sont le fondement de toute entreprise de jardinage. Choisir ces instruments n'est pas seulement une question de préférence personnelle, mais un acte de réflexion sur notre relation au jardin. Ils doivent être considérés non comme de simples accessoires, mais comme des extensions de nos intentions et de nos soins.

En rassemblant ces outils essentiels, nous nous préparons à entrer en communion avec la nature, armés non pour la conquérir, mais pour dialoguer avec elle, pour apprendre de ses cycles et pour contribuer, même modestement, à sa beauté et à sa diversité. Le jardinage, dans son essence, est un acte de participation à la vie plus large du monde, une pratique qui nous enseigne la patience, le respect et l'émerveillement. Avec ces outils en main, nous sommes prêts à entamer le voyage, à découvrir les joies simples mais profondes qui nous attendent dans l'acte de cultiver, de soigner et de célébrer la terre qui nous nourrit.

Partie 2: Comprendre l'Anxiété à Travers la Nature

2.1 Les origines de l'anxiété

L'anxiété, ce fil invisible tissé dans le tissu de l'humanité, a longtemps été un compagnon silencieux dans notre voyage à travers l'histoire. Elle s'est manifestée sous de nombreuses formes, évoluant à travers les époques, reflétant les changements dans nos modes de vie, nos sociétés et nos environnements. Pour comprendre pleinement la nature de l'anxiété, il est essentiel de plonger dans ses origines, d'explorer les perspectives historiques et modernes qui ont façonné notre compréhension de ce phénomène complexe.

✓ Les Origines Anciennes

Dans les sociétés anciennes, l'anxiété était souvent interprétée à travers le prisme de la mythologie et de la spiritualité. Les Grecs anciens, par exemple, attribuaient les états anxieux à l'influence des dieux ou à un déséquilibre des humeurs corporelles. Cette interprétation reflétait une vision du monde où l'individu était intimement lié aux forces naturelles et surnaturelles qui l'entouraient. L'anxiété n'était pas seulement personnelle ; elle était cosmique, un signe de déséquilibre entre l'homme, la nature et le divin.

✓ Le Moyen Âge et la Renaissance : La Vision Médicale

À mesure que nous avançons dans le temps, vers le Moyen Âge et la Renaissance, la compréhension de l'anxiété commence à se transformer. La médecine médiévale, tout en conservant certaines idées des humeurs corporelles, a également intégré des croyances spirituelles, voyant l'anxiété comme une lutte entre la foi et le doute, le bien et le mal. Cette période a jeté les bases d'une approche plus individualisée de l'anxiété, où les émotions et les états mentaux ont commencé à être vus comme des aspects de la santé à gérer et à traiter.

✓ L'Ère Moderne : Industrialisation et Urbanisation

L'avènement de l'ère moderne, avec son industrialisation rapide et son urbanisation, a marqué un tournant dans la perception de l'anxiété. La transformation des sociétés agraires en centres industriels a non seulement changé notre relation à la nature mais a également introduit de nouveaux stress et pressions. L'isolement de l'individu dans des villes en expansion, la séparation d'avec la terre et les rythmes naturels de la vie ont contribué à une augmentation de l'anxiété. Cette période a vu l'anxiété devenir une préoccupation de santé publique, reflétant les défis d'une vie de plus en plus déconnectée des cycles naturels.

✓ La Période Contemporaine : Technologie et Connectivité

À notre époque contemporaine, marquée par les avancées technologiques et une connectivité sans précédent, l'anxiété a pris de nouvelles formes. L'omniprésence des médias sociaux, la pression constante de la productivité et l'accès illimité à l'information ont créé un terrain fertile pour l'anxiété. Cette ère de surstimulation et de comparaison permanente a mis en lumière les limites de notre capacité à gérer l'infinité des choix et des stimuli qui nous entourent.

Face à ces perspectives historiques et modernes, la nature apparaît comme un contrepoint essentiel à l'anxiété de notre temps. Le jardinage, en tant que pratique intemporelle de connexion avec la terre, offre une voie de retour vers l'équilibre et la paix intérieure. Enraciner ses mains dans la terre, suivre le rythme des saisons et observer la croissance tranquille des plantes nous rappelle des vérités fondamentales sur la vie : la patience, l'acceptation et le renouveau.

Dans ce chapitre, nous explorerons comment la reconnexion avec la nature peut nous aider à comprendre et à apaiser l'anxiété moderne. Nous verrons que, malgré les profonds changements dans notre monde, les principes de croissance, de cycles et de connexion restent des antidotes puissants à l'anxiété. Le jardin devient alors non seulement un lieu de refuge et de guérison mais aussi un miroir à travers lequel nous pouvons réfléchir sur nos vies, apprendre à accepter l'impermanence et à trouver de la beauté dans la simplicité.

Ainsi, en revisitant les origines de l'anxiété à travers une perspective historique et moderne, nous découvrons que notre relation avec la nature offre une clé pour comprendre et traiter les maux de notre époque. Le jardinage, en tant que pratique profondément enracinée dans le cycle de la vie, nous enseigne comment vivre avec l'anxiété, non pas en la combattant, mais en cultivant un espace de calme et de contemplation au sein de notre monde turbulent.

2.2 La nature comme miroir

Dans le vaste théâtre de la nature, chaque élément, chaque organisme joue son rôle avec une grâce qui lui est propre, orchestrant une symphonie de cycles et de saisons. C'est un monde où la patience est naturelle, où la croissance suit le rythme imposé par les éléments, et où chaque fin annonce un nouveau commencement. Pour ceux d'entre nous pris dans le tourbillon de l'anxiété moderne, la nature offre une leçon puissante : elle est un miroir dans lequel nous pouvons apprendre à voir nos propres vies sous un jour différent, à comprendre nos propres cycles et à accepter les transitions avec grâce.

Dans mon propre voyage à travers le jardinage, j'ai découvert la nature non seulement comme une source de beauté et de nourriture mais aussi comme un enseignant silencieux, m'offrant des leçons subtiles sur la façon de naviguer dans la vie. Au cœur de ces leçons se trouve la reconnaissance que, tout comme la nature, nous sommes des êtres intrinsèquement résilients, capables de croissance, de renouvellement et de guérison.

✓ Leçons de Résilience

Prenez, par exemple, un arbre ancien dans votre voisinage ou un parc local. Observez sa stature majestueuse, ses branches étendues portant les marques du temps : les cicatrices des tempêtes passées, les branches cassées et les nouvelles pousses émergeant de la vieille écorce. Cet arbre est un témoignage vivant de résilience, survivant et prospérant malgré les adversités. De la même manière, nous, les humains, sommes confrontés à nos propres tempêtes, à nos propres épreuves. Pourtant, tout comme l'arbre, nous avons la capacité innée de guérir, de grandir à nouveau, même à partir de nos parties les plus brisées.

✓ Cycles de Croissance et de Repos

La nature opère à travers des cycles de croissance et de repos, chaque saison apportant son propre rythme et ses propres exigences. Le printemps éclot avec une énergie renouvelée, l'été brille de productivité, l'automne récolte et prépare le passage, et l'hiver offre un repos bien mérité, un temps pour se régénérer. Cette alternance de cycles est un rappel que notre propre vie est également rythmée par des périodes d'activité et de repos, de production et de réflexion. En reconnaissant et en honorant ces cycles dans nos propres vies, nous pouvons trouver un équilibre plus naturel, réduisant l'anxiété qui découle souvent d'un effort constant pour produire et réussir.

✓ Acceptation de l'Impermanence

La nature est un maître de l'impermanence. Chaque fleur qui éclot portera inévitablement les graines de sa propre fin, chaque saison de croissance cèdera la place à un déclin temporaire. Et pourtant, il y a une beauté dans cette impermanence, une promesse de renouvellement et de changement. En jardinant, en observant le cycle de vie des plantes, j'ai appris à accepter l'impermanence dans ma propre vie, à chérir les moments de bonheur sans m'accrocher à eux, à laisser aller les douleurs avec la promesse que le temps apportera de nouveaux commencements.

✓ Connexion et Soin

Enfin, la nature enseigne la valeur de la connexion et du soin. Un jardin prospère grâce à l'attention et au soin diligent du jardinier, tout comme nos relations et nos communautés s'épanouissent grâce à notre engagement et notre attention. Par le jardinage, nous apprenons l'importance de prendre soin non seulement de nos plantes mais aussi de nous-mêmes et des autres. C'est une pratique de donner et de recevoir, une interaction constante avec le monde vivant qui nous rappelle que nous ne sommes pas isolés mais profondément connectés à la toile plus large de la vie.

À travers ces leçons, la nature agit comme un miroir, reflétant les vérités profondes sur notre propre existence. Elle nous enseigne la résilience face à l'adversité, l'acceptation de nos propres cycles de croissance et de repos, la beauté de l'impermanence et la valeur de la connexion et du soin. Dans le jardin, entouré par la sagesse silencieuse de la nature, j'ai trouvé une voie vers une paix intérieure, un sanctuaire loin de l'agitation de la vie moderne, un lieu où l'anxiété peut être vue, comprise et transformée.

2.3 Témoignages de guérison

Dans le sanctuaire tranquille de mon jardin, où chaque plante raconte une histoire et chaque bourgeon porte la promesse d'un nouveau commencement, j'ai été témoin de la puissance transformatrice de la nature. C'est un espace où le temps se dilate, offrant un refuge contre le tourbillon de la vie moderne. Au fil des années, j'ai recueilli des témoignages de guérison, des récits de personnes qui, comme moi, ont trouvé dans la terre un baume pour l'âme. Ces histoires ne sont pas seulement des récits de croissance personnelle, mais aussi des preuves vivantes de la capacité de la nature à restaurer, à renouveler et à guérir.

✓ L'Histoire de Clara

Clara était une enseignante en milieu urbain, constamment entourée par le bruit et le béton, vivant à un rythme qui laissait peu de place à la paix intérieure. Son anxiété, autrefois un murmure, était devenue un cri constant, rendant chaque jour plus difficile que le précédent. La découverte du jardinage est venue à elle comme un coup du destin, lorsqu'un ami lui a offert un kit de jardinage pour herbes aromatiques. Petit à petit, le balcon stérile de Clara s'est transformé en un oasis verdoyant. Avec chaque graine plantée, chaque plante arrosée, elle sentait son esprit s'apaiser, son anxiété s'étioler. Le jardinage est devenu son rituel matinal, un moment de connexion avec elle-même et avec le cycle de la vie. Au fil du temps, Clara a observé non seulement ses plantes grandir mais aussi sa propre transformation intérieure. Elle a appris à ralentir, à respirer, à être pleinement présente. Son témoignage est un rappel poignant que, même dans les espaces les plus restreints, la nature peut prospérer et apporter guérison.

✓ L'Histoire de Samuel

Samuel, un vétéran, portait les cicatrices invisibles de la guerre, luttant contre le stress post-traumatique dans le silence de son âme. C'est dans le jardin de son grand-père qu'il a trouvé un sanctuaire, un lieu où il pouvait se libérer des chaînes de ses pensées. Le jardin n'était pas seulement un lieu de souvenirs d'enfance, mais aussi un espace de guérison. En travaillant la terre, en prenant soin des plantes, Samuel a trouvé une forme de méditation active, un moyen de canaliser ses énergies tourmentées vers la création et la croissance. Il a appris à communiquer avec les plantes, à écouter leurs besoins, trouvant dans ce dialogue silencieux une forme de thérapie inattendue. Le jardin est devenu son thérapeute, son guide, lui enseignant les vertus de la patience, de l'acceptation et de la résilience. La guérison de Samuel est un témoignage de la force de la nature à toucher les cœurs brisés, à offrir un espace pour le renouvellement de l'esprit.

Mia, une artiste, traversait une période de blocage créatif profond, une mer d'incertitude qui menaçait d'engloutir son amour pour l'art. C'est dans le jardin communautaire de son quartier qu'elle a retrouvé son inspiration. Là, parmi les rangées de légumes et les parterres de fleurs, Mia a découvert une palette de couleurs, de textures et de formes qui ont rallumé sa passion créative. Le jardinage est devenu pour elle une source d'inspiration, chaque jour au jardin apportant une nouvelle idée, une nouvelle perspective. En cultivant la terre, Mia cultivait également son art, transformant son anxiété et ses doutes en œuvres vibrantes de couleur et de vie. Son histoire est un vibrant rappel de la capacité de la nature à inspirer, à nourrir la créativité et à transformer les obstacles en opportunités.

Ces témoignages, et tant d'autres, tissent ensemble une tapestry de guérison, illustrant comment la nature, dans sa sagesse infinie, offre un refuge contre l'anxiété, un espace pour la croissance personnelle et la transformation. Le jardin, avec ses cycles éternels de vie, de mort et de renaissance, est un miroir de notre propre voyage intérieur, un lieu où nous pouvons apprendre à guérir, à aimer et à grandir. Dans le terreau fertile de la terre, nous trouvons non seulement la nourriture pour nos corps, mais aussi pour nos âmes, un rappel que, dans le cœur de la nature, réside la clé pour déverrouiller notre propre potentiel de guérison et de renouveau.

Partie 3: Les Fondations du Jardinage Bien-être

3.1 Choisir ses plantes

Dans le sanctuaire paisible de mon jardin, où le souffle du vent caresse doucement les feuilles et où chaque parcelle de terre raconte une histoire de croissance et de renouveau, je me suis souvent posée pour réfléchir à la symbiose entre la nature et notre bien-être mental. Choisir des plantes pour notre jardin n'est pas seulement une question d'esthétique ou de préférence personnelle ; c'est une invitation à créer un espace de guérison, un havre où l'esprit peut trouver réconfort et tranquillité. Au fil de mes explorations et expériences, j'ai découvert que certaines plantes possèdent des qualités uniques, capables de toucher notre âme et d'apaiser notre esprit.

✓ Lavande : L'Essence de la Sérénité

Parmi ces végétaux, la lavande détient une place spéciale. Sa couleur, d'un violet doux, évoque un sentiment de calme, tandis que son parfum est connu pour ses propriétés relaxantes et apaisantes. La lavande, c'est le souffle de la tranquillité dans un monde agité. En la plantant, nous invitons la paix dans notre jardin, créant un coin où le seul souci est de se laisser bercer par son parfum. Elle nous enseigne la sérénité, nous rappelant que, même au cœur du chaos, il existe un îlot de calme.

✓ Camomille : La Douceur Incarnée

La camomille, avec ses petites fleurs d'un blanc pur et son cœur d'or, est une véritable incarnation de la douceur. Cette plante humble mais puissante est un baume pour l'esprit, offrant réconfort et soulagement dans les moments d'anxiété ou de tension. Boire une tasse de thé à la camomille, c'est comme recevoir un câlin de la nature, un rappel tendre que tout ira bien. En choisissant de cultiver la camomille, nous cultivons également la gentillesse envers nous-mêmes, apprenant à accueillir chaque jour avec une douceur renouvelée.

✓ Mélisse : Le Rire de la Nature

La mélisse, avec ses feuilles vertes éclatantes et son parfum citronné, est la joie incarnée. Elle stimule l'esprit, éclaircit les pensées et apporte une touche de légèreté dans notre quotidien. La mélisse nous enseigne que, malgré les épreuves, la vie est pleine de moments de joie à savourer.

Cultiver la mélisse, c'est comme planter des graines de
bonheur dans notre jardin, un rappel quotidien que le rire est
aussi vital que l'air que nous respirons.

✓ Fougère : L'Ancre de Stabilité

Les fougères, avec leur verdure luxuriante et leur grâce
intemporelle, sont les ancres de notre jardin. Elles apportent
une sensation de stabilité et de continuité, nous rappelant
que, tout comme elles ont survécu à travers les âges, nous
aussi pouvons traverser les moments difficiles. Les fougères
nous invitent à prendre racine, à trouver notre propre centre
de gravité dans le tourbillon de la vie. En les intégrant dans
notre espace vert, nous créons un sanctuaire de résilience,
un espace où nous pouvons nous ancrer et grandir, peu
importe les tempêtes.

✓ Basilic : Le Souffle de Vitalité

Enfin, le basilic, avec ses feuilles vertes vibrantes et son
arôme piquant, est un souffle de vitalité. Il réveille les sens,
revitalise le corps et l'esprit, et nous encourage à embrasser
chaque jour avec énergie et enthousiasme. Le basilic est un
rappel vivant que la santé mentale est aussi nourrie par
notre vitalité, par notre capacité à accueillir chaque nouvelle
journée comme une toile vierge sur laquelle peindre nos
rêves et nos espoirs.

Chaque plante que nous choisissons pour notre jardin est un
fil tissé dans le tapis de notre bien-être mental, un

compagnon silencieux dans notre quête de paix intérieure.
En plantant ces végétaux, nous ne créons pas seulement un
espace de beauté externe, mais un sanctuaire pour l'âme, où
chaque fleur, chaque feuille, porte en elle une promesse de
guérison et de joie. Ce n'est pas seulement un jardin que
nous cultivons ; c'est un espace de connexion profonde avec
la nature, un lieu où l'esprit peut danser librement au rythme
des saisons, un havre où nous pouvons, jour après jour,
tisser notre propre histoire de guérison.

3.2 Planification d'un jardin thérapeutique

La création d'un jardin thérapeutique est bien plus qu'un
acte de jardinage ; c'est une démarche profondément
personnelle, une quête de tranquillité et de guérison qui
prend racine dans la terre même que nous cultivons. Chaque
choix, depuis la disposition des parterres jusqu'à la sélection
des plantes, reflète une intention, un pas vers la réalisation
d'un espace où l'âme peut trouver repos et réconfort. Dans
cette odyssée verdoyante, nous tissons ensemble des
éléments de la nature pour former un sanctuaire de sérénité,
un jardin où chaque sentier, chaque recoin, offre un refuge
contre les tumultes du monde extérieur.

La première étape dans la planification d'un jardin
thérapeutique est la conception, un moment de réflexion
profonde sur ce que nous cherchons à atteindre. C'est ici
que nous rêvons, crayon en main, devant une feuille de
papier vierge. Nous imaginons un espace qui parle à nos
sens, un lieu de beauté qui reflète nos besoins intérieurs de

paix et de guérison. La conception d'un jardin thérapeutique ne suit pas seulement des principes esthétiques mais s'ancre dans une compréhension de l'effet profond que la nature a sur notre bien-être. Nous pensons aux chemins qui invitent à la promenade méditative, aux bancs placés sous l'ombre bienveillante d'un arbre ancien, aux points d'eau qui murmurent des chants apaisants.

La sélection des plantes est le cœur battant du jardin thérapeutique. Chaque espèce apporte sa propre contribution à la tapestry de guérison que nous cherchons à tisser. Nous choisissons des plantes pour leur couleur, leur parfum, leur texture, et leur capacité à éveiller nos sens, à nous reconnecter avec les éléments essentiels de la vie. Des fleurs comme la lavande et la camomille, reconnues pour leurs propriétés apaisantes, côtoient des herbes et des arbustes qui attirent les papillons et les oiseaux, nous rappelant la beauté du monde naturel et notre place au sein de cet écosystème. Chaque plante est choisie non seulement pour sa beauté mais pour son histoire, pour les souvenirs ou les émotions qu'elle éveille en nous.

L'aménagement du jardin thérapeutique est une danse délicate entre l'ombre et la lumière, le mouvement et le repos. Nous sculptons l'espace, créant des zones de tranquillité où l'on peut s'asseoir en méditation ou des allées qui invitent à la promenade réfléchie. Les points d'eau, qu'il s'agisse de petites fontaines ou de bassins, ajoutent une dimension de son et de mouvement, leurs murmures apaisants créant une bande-son naturelle pour la contemplation et la relaxation. L'agencement des plantes et des éléments paysagers est pensé pour guider les visiteurs à travers une expérience sensorielle, où chaque pas révèle de nouvelles couleurs, de nouveaux parfums, de nouvelles textures.

Le jardin thérapeutique n'est pas seulement un espace physique ; c'est un lien vivant entre la terre et l'âme. Dans sa planification, nous intégrons des principes qui favorisent la biodiversité, la durabilité et l'harmonie avec l'environnement local. Ce faisant, nous créons un jardin qui soigne non seulement ceux qui le visitent mais qui contribue aussi à la guérison de la planète. Nous envisageons des méthodes de jardinage écologiques, des systèmes de récupération d'eau de pluie, et l'utilisation de matériaux locaux et naturels pour les allées et les structures.

La mise en place d'un jardin thérapeutique est un voyage continu, une œuvre qui évolue et mûrit avec le temps. Chaque saison apporte ses changements, ses défis et ses récompenses, reflétant les cycles de la vie elle-même. Ce jardin, conçu avec soin et amour, devient un partenaire dans notre quête de bien-être, un espace qui grandit et change, tout comme nous. En son cœur, le jardin thérapeutique est une célébration de la vie, un rappel constant que, même dans les moments de plus grande solitude ou d'anxiété, la nature offre un sanctuaire de paix, un espace où nous pouvons nous reconnecter avec notre essence la plus profonde.

Ainsi, la planification d'un jardin thérapeutique est bien plus qu'un exercice de jardinage ; c'est une pratique de guérison, un art délicat qui tisse ensemble les fils de la nature et de la psyché humaine. C'est la création d'un espace où chaque élément, de la conception à la sélection des plantes, de l'aménagement à l'intégration, est une note dans une symphonie de sérénité, un pas sur le chemin vers la guérison intérieure.

3.3 Le sol et l'eau

Au cœur de chaque jardin se trouve un duo fondamental, essentiel à toute forme de vie végétale : le sol et l'eau. Ces éléments, si communs et pourtant si précieux, forment les bases de la croissance, le terreau sur lequel repose tout le cycle de vie du jardin. En tant que jardiniers, notre relation avec le sol et l'eau transcende la simple manipulation ; c'est une communion, un dialogue constant avec les forces de la nature qui nourrissent notre terre et nos âmes.

✓ Le Sol : La Fondation Vivante

Le sol n'est pas simplement de la terre sous nos pieds ; c'est un monde vivant, riche et complexe, un écosystème en soi qui abrite une multitude d'organismes, des bactéries bénéfiques aux vers de terre aérateurs. Chaque poignée de sol est un microcosme de la vie, avec sa propre histoire, sa texture, sa composition. Comprendre le sol de notre jardin, c'est comme apprendre à connaître un ami intime, découvrir ses besoins, ses forces et ses vulnérabilités.

Dans la quête de cultiver un jardin thérapeutique, le choix du sol devient un acte de soin, une décision qui reflète notre engagement envers la croissance non seulement des plantes mais aussi de notre bien-être intérieur. Nous apprenons à enrichir le sol avec du compost, à le nourrir avec des matières organiques, à respecter son équilibre naturel. En prenant soin du sol, nous créons une fondation solide pour notre jardin, un lieu où les plantes peuvent s'épanouir et, en retour, nourrir notre esprit.

✓ L'Eau : L'Élixir de Vie

L'eau, cet élixir de vie, est l'autre moitié de l'équation. Sa présence dans le jardin est aussi essentielle que le souffle dans nos poumons, un flux vital qui transporte les nutriments, dissout les minéraux et hydrate chaque cellule végétale. La manière dont nous apportons l'eau à notre jardin, que ce soit par des systèmes d'irrigation doux ou par l'acte méditatif d'arroser à la main, est une réflexion sur notre relation avec le cycle de la vie.

Créer un jardin thérapeutique implique de développer une sensibilité à l'eau, à ses rythmes et à ses besoins. Nous apprenons à observer les signes de soif chez les plantes, à comprendre les cycles pluviaux naturels et à intégrer des pratiques de conservation de l'eau. L'eau devient un lien, un fil qui connecte notre jardin à l'écosystème plus large, nous rappelant notre responsabilité envers la planète et les générations futures.

✓ La Symbiose : Le Cœur du Jardin Thérapeutique

Le sol et l'eau, dans leur interaction, créent une symbiose, un équilibre délicat qui est le cœur même du jardin thérapeutique. Ce n'est pas seulement une question de croissance physique ; c'est une métaphore de notre propre croissance intérieure. Tout comme les plantes s'enracinent dans le sol nourricier et s'abreuvent de l'eau vivifiante, nous puisons dans notre environnement, dans nos expériences et relations, les éléments qui nous nourrissent et nous permettent de grandir.

Cultiver un jardin, c'est cultiver la vie elle-même. Chaque choix que nous faisons, de la préparation du sol à la gestion de l'eau, est un reflet de notre engagement envers un monde plus sain et plus harmonieux. En prenant soin de la terre et de l'eau, nous apprenons à prendre soin de nous-mêmes, à reconnaître que notre bien-être est inextricablement lié à la santé de notre environnement.

En fin de compte, le sol et l'eau nous ramènent aux sources de la vie, nous rappelant que, dans le jardin comme dans la vie, ce sont souvent les éléments les plus fondamentaux qui sont les plus précieux. En cultivant un jardin thérapeutique, nous ne faisons pas seulement pousser des plantes ; nous tissons un lien plus profond avec la nature, avec la terre sous nos pieds et l'eau qui coule entre nos doigts. C'est un voyage de retour aux bases de la croissance, un chemin qui nous mène à travers le sol et l'eau vers une compréhension plus profonde de nous-mêmes et du monde autour de nous.

Partie 4: Techniques de Jardinage pour la Santé Mentale

4.1 Jardinage sensoriel

Au sein du jardin, un monde de sensations s'éveille, invitant à une immersion totale où chaque sens est convoqué pour expérimenter la magie de la nature. Le jardinage sensoriel, une pratique délicate et intentionnelle, vise à créer un espace où le toucher, l'odorat, la vue, le goût, et l'ouïe participent conjointement à une danse harmonieuse, éveillant en nous une connexion profonde et intuitive avec le vivant. Cette approche du jardinage ne se contente pas de cultiver des plantes ; elle cultive des expériences, des moments de présence pure où l'esprit s'apaise et le cœur s'ouvre.

✓ Toucher : La Texture Comme Langage

Le jardin sensoriel invite les mains à explorer, à découvrir la variété infinie des textures que la nature offre. Des feuilles duveteuses de la sauge aux tiges épineuses des roses, chaque plante raconte une histoire à travers sa peau.

Le jardinier sensoriel sème des variétés comme la mousse, douce comme un tapis sous les pieds nus, ou les pommes de terre, dont la récolte exige de plonger les mains dans la terre, évoquant une connexion primitive et profondément satisfaisante avec le sol nourricier. Ce toucher, acte si fondamental, nous rappelle notre propre matérialité, notre appartenance à ce monde de matière et de vie.

✓ Odorat : Un Concert de Parfums

Le jardin sensoriel est aussi un orchestre olfactif où chaque plante apporte sa note unique, créant une symphonie de parfums qui évolue avec les heures de la journée et les saisons. La lavande et le romarin émettent leurs effluves apaisants, tandis que le jasmin et la fleur d'oranger lancent des appels sucrés dans l'air du soir. Cultiver des herbes aromatiques, c'est inviter le jardinier à se pencher, à effleurer du bout des doigts, à respirer profondément, transformant la cueillette en une méditation, un moment de pleine conscience où chaque respiration devient un acte de connexion.

✓ Vue : Un Kaleidoscope Vivant

Visuellement, le jardin sensoriel est une toile vivante, peinte avec les couleurs vibrantes des fleurs, le vert apaisant des feuillages, le jeu d'ombre et de lumière à travers les branches. Choisir des plantes pour leurs couleurs et leurs formes, c'est composer un tableau qui évolue avec le temps, offrant des perspectives sans cesse renouvelées. Les contrastes visuels, comme le rouge éclatant des coquelicots contre le vert sombre des feuillages, captent l'œil et stimulent l'esprit, nous invitant à voir le monde avec émerveillement et curiosité.

✓ Goût : Une Palette de Saveurs

Le goût, sens souvent négligé dans le jardinage traditionnel, prend une place de choix dans le jardin sensoriel. Cultiver des fruits, des légumes, et des herbes, c'est s'offrir le luxe de goûter le jardin, de savourer la saveur unique de ce qui a été cultivé avec soin. Les tomates chaudes du soleil, les fraises juteuses, le piquant du basilic frais : chaque bouchée est un rappel de la terre, un lien gustatif qui nous relie à notre environnement de la manière la plus directe et vitale.

✓ Ouïe : La Musique du Vivant

Enfin, l'ouïe. Le jardin sensoriel résonne des chants des oiseaux, du murmure du vent dans les feuilles, du doux clapotis de l'eau. Intégrer des éléments comme des bassins, des fontaines, ou des carillons éoliens, c'est enrichir le jardin d'une dimension sonore, offrant une bande-son apaisante qui invite au lâcher-prise et à la contemplation. Ces sons naturels, musique de la vie, nous enveloppent, nous transportent loin des bruits du monde construit par l'homme, nous rappelant les plaisirs simples de l'existence.

Le jardinage sensoriel, dans sa quête d'engager tous les sens, est une célébration de la vie dans ce qu'elle a de plus tangible. C'est une invitation à se reconnecter avec le monde naturel, à redécouvrir le plaisir pur de l'existence sensorielle. Dans un monde où nous sommes souvent détachés de notre environnement, le jardin sensoriel nous rappelle que nous sommes des êtres vivants, intimement liés à la toile complexe de la vie sur Terre. Cultiver un jardin sensoriel, c'est cultiver une présence au monde, un émerveillement constant, une source de guérison pour l'esprit fatigué.

4.2 Le jardinage en pleine conscience

Le jardinage en pleine conscience est une invitation à ralentir, à se reconnecter avec le moment présent à travers l'acte simple et pourtant profond de cultiver la terre. Dans ce sanctuaire de verdure, chaque geste devient un acte de méditation, chaque souffle un lien entre nous et le monde naturel. Cette pratique ne se contente pas de transformer notre jardin ; elle a le pouvoir de transformer également notre esprit, nous guidant vers une paix intérieure profonde.

La pleine conscience commence par l'ancrage dans l'instant présent. Dans le jardin, cela signifie sentir le sol sous nos pieds, observer la couleur et la texture de chaque plante, écouter les sons subtils de la nature qui nous entoure. C'est dans cet acte d'observation sans jugement que nous commençons à nous libérer du flot incessant de pensées, nous permettant de trouver un espace de calme intérieur. En jardinant, nous apprenons à accueillir chaque moment tel qu'il est, que nous soyons en train de planter une nouvelle graine ou simplement d'admirer la rosée du matin sur une toile d'araignée.

La respiration, cet acte si naturel et souvent oublié, devient un puissant outil de pleine conscience dans le jardin. En synchronisant notre respiration avec nos actions - inspirer en creusant la terre, expirer en plantant une graine - nous créons un rythme qui ancre notre conscience dans le présent. Chaque respiration devient un rappel pour revenir ici et maintenant, pour sentir véritablement la vie qui pulse autour et en nous.

Le contact direct avec la terre est un aspect fondamental du jardinage en pleine conscience. Sentir la fraîcheur du sol, la robustesse d'une racine, ou la délicatesse d'une fleur entre nos doigts nous rappelle notre connexion profonde avec le monde naturel. Ce toucher conscient nous enseigne la non-séparation, la reconnaissance que nous faisons partie intégrante d'un tout plus vaste, un écosystème riche et interconnecté.

Chaque action dans le jardin, de l'arrosage des plantes à la taille des branches, est effectuée avec intention. Cela signifie être pleinement engagé avec l'acte lui-même, en reconnaissant sa valeur et son impact. En jardinant avec intention, nous pratiquons la pleine conscience en action, transformant chaque tâche en une occasion de présence. Cette approche intentionnelle nous aide à reconnaître la valeur intrinsèque de chaque être vivant dans notre jardin, nous invitant à soigner nos plantes avec respect et gratitude.

Le jardin est un maître en matière de changement. Les saisons se succèdent, les plantes grandissent, fleurissent puis fanent. Le jardinage en pleine conscience nous enseigne à accepter ce cycle naturel du changement, à embrasser l'impermanence comme une partie essentielle de la vie. Cette acceptation nous libère de notre résistance au changement, nous permettant de trouver la paix dans le flux constant de la vie.

Enfin, le jardin en tant qu'espace de pleine conscience nous offre des leçons précieuses sur la patience, la résilience et l'émerveillement. Chaque plante qui pousse, chaque saison qui change, est une invitation à réfléchir sur notre propre croissance et sur les cycles de notre vie. Le jardin nous apprend que la croissance requiert du temps, que la résilience est tissée dans le tissu même de l'existence, et que l'émerveillement se trouve dans la beauté des moments ordinaires.

Le jardinage en pleine conscience est une pratique de guérison, un chemin vers la paix intérieure qui nous enseigne à vivre pleinement dans chaque instant. En nous connectant profondément avec la terre, en cultivant notre jardin avec attention et intention, nous cultivons également un esprit plus calme et plus ouvert, capable de trouver la joie dans les simples miracles de la vie quotidienne.

4.3 Créer des espaces de calme

Dans le jardin de l'esprit, où chaque pensée est une fleur en attente d'éclosion, il existe des coins de réflexion, des espaces de calme conçus pour inviter à la méditation et à la paix intérieure. Ces lieux sont les sanctuaires du jardin, où le temps semble suspendre son cours, et où l'on peut se retirer pour se reconnecter avec soi-même et avec la nature. Créer ces espaces dans notre jardin n'est pas simplement une question d'aménagement paysager ; c'est un acte de création d'un havre de sérénité, un engagement vers notre propre bien-être et celui de notre environnement.

La création de ces coins de réflexion commence par une intention claire : offrir un lieu propice à la détente, à la contemplation, et à la reconnexion. Cela peut prendre la forme d'un petit banc sous un arbre, d'une clairière entourée de plantes aromatiques, ou d'un sentier bordé de fleurs menant à un point d'eau. L'idée est de choisir un endroit qui, par sa disposition, ses couleurs, et ses textures, inspire naturellement la tranquillité et invite à la pause.

Dans ces espaces, chaque élément est choisi pour engager les sens et encourager la pleine conscience. Les plantes à parfum, comme la lavande ou le jasmin, enveloppent l'air de fragrances apaisantes, tandis que le murmure de l'eau d'une fontaine ou le chant des oiseaux crée une mélodie de fond qui calme l'esprit. Les textures variées des feuillages et des pétales invitent au toucher, renforçant la connexion physique avec le monde naturel, et les couleurs douces contribuent à une atmosphère de sérénité.

Ces coins de réflexion sont des invitations à l'intimité avec la nature, des rappels que nous faisons partie d'un tout plus grand. En intégrant des éléments naturels comme des pierres, du bois, ou même en créant un petit espace de jardin sauvage, on encourage cette connexion. Il s'agit de créer un lieu où la frontière entre le jardinier et le jardin s'estompe, où l'on peut s'asseoir et observer la danse des insectes pollinisateurs, le vol d'un papillon, ou simplement la lumière du soleil filtrant à travers les feuilles.

La simplicité est au cœur de ces espaces de calme. L'objectif n'est pas de surcharger, mais de sélectionner chaque élément avec soin, en privilégiant la qualité de l'expérience sur la quantité. Un simple banc de bois, un chemin de pierres naturelles, ou une petite table entourée de chaises peuvent suffire à créer un lieu d'ancrage, un point de contact entre le ciel et la terre, entre l'intérieur et l'extérieur.

Ces coins de réflexion sont plus que de simples espaces physiques ; ils sont le reflet de notre désir de trouver du calme dans le tourbillon de la vie moderne. En s'asseyant dans ces espaces, en respirant profondément, en observant sans juger, on pratique une forme de méditation, un retour à soi qui est à la fois humble et profondément enrichissant. Ils nous rappellent l'importance de la pause, de prendre le temps de simplement être, de se nourrir de la beauté et de la paix de la nature.

La création de ces espaces dans notre jardin est un voyage vers la découverte de soi, une invitation à explorer les profondeurs de notre être dans le miroir de la nature. C'est dans ces coins de réflexion que l'on peut trouver la force de faire face aux tempêtes de la vie, puiser dans la sérénité du jardin la résilience et l'inspiration. Cultiver un jardin, c'est cultiver la vie ; et dans ces espaces de calme, nous cultivons la paix, un sanctuaire où chaque souffle est une prière, chaque pensée une fleur dans le jardin de l'âme.

Partie 5: Alimentation Saine du Jardin à la Table

5.1 Cultiver pour nourrir

Dans le cœur verdoyant du jardin, où chaque feuille et chaque racine racontent une histoire de connexion et de croissance, se trouve une vérité fondamentale : nous cultivons pour nourrir. Pas seulement pour nourrir nos corps avec des légumes et des fruits essentiels, mais pour nourrir nos âmes, nos esprits, et le tissu même de notre relation avec la terre. Cultiver pour nourrir est un acte de soin, un dialogue entre le jardinier et son jardin, où chaque geste de plantation, d'arrosage, et de récolte est une note dans une symphonie de la vie.

La sélection des légumes et des fruits à cultiver dans notre jardin est guidée par une intention profonde de bien-être. Des tomates juteuses, gorgées de soleil, aux carottes croquantes, ancrées dans la terre, chaque plante choisie est un pilier de notre santé. Les légumes verts feuillus, comme les épinards et la kale, apportent une abondance de minéraux et de vitamines, soutenant notre vitalité. Les baies, avec leurs antioxydants, sont de petites joyaux de nutrition, capturant l'essence même de la douceur de vivre.

Cultiver pour nourrir est aussi une danse avec les saisons, un respect du rythme naturel de la vie. Chaque saison apporte son propre ensemble de fruits et de légumes, une palette de saveurs et de textures qui se succèdent tout au long de l'année. Les radis piquants et les laitues tendres saluent le printemps, les tomates et les courgettes célèbrent l'été, les citrouilles et les choux honorent l'automne, tandis que les légumes racines stockés nourrissent durant l'hiver. Cette diversité saisonnière nous rappelle l'importance de vivre en harmonie avec la nature, de savourer le moment présent tout en se préparant pour l'avenir.

Le jardin devient un laboratoire de découvertes, où expérimenter avec de nouvelles variétés de plantes devient une aventure. Cultiver des légumes anciens ou des fruits exotiques, c'est comme ouvrir un livre d'histoires, chaque plante portant en elle des siècles de culture et de tradition. Ces expériences renforcent notre lien avec la diversité culinaire du monde, nous invitant à explorer de nouvelles saveurs, de nouvelles façons de cuisiner et de se nourrir.

Dans ce processus de culture, la terre elle-même devient notre enseignant, nous guidant à travers les subtilités du sol, de l'eau, et du climat. Nous apprenons l'art du compostage, transformant les déchets en or noir pour nourrir le sol. Nous découvrons l'importance de l'eau, ce précieux élixir de vie, et comment l'utiliser avec sagesse. La lutte contre les maladies et les parasites nous enseigne la résilience et l'ingéniosité, nous rappelant que dans chaque défi se trouve une opportunité de croissance.

La récolte est le moment culminante de cette aventure, une célébration de la générosité de la terre. C'est un temps de gratitude, où chaque légume cueilli, chaque fruit récolté est un cadeau. La récolte nous rassemble, autour de tables garnies des fruits de notre travail, dans un acte de partage et de communauté. C'est dans ces moments que nous réalisons pleinement la valeur de cultiver pour nourrir : nourrir le corps, oui, mais aussi nourrir l'esprit, les liens familiaux et communautaires, et notre relation éternelle avec la terre.

Cultiver pour nourrir est donc bien plus qu'une simple activité de jardinage ; c'est une philosophie de vie, un engagement envers la santé et le bien-être, non seulement le nôtre, mais aussi celui de notre planète. Dans chaque graine plantée, dans chaque plante qui grandit, réside une promesse de nourriture, de guérison, et de renouvellement. C'est une invitation à participer activement à la chaîne de la vie, à célébrer la beauté et l'abondance de la nature, et à reconnaître notre place dans ce magnifique écosystème qu'est le monde.

5.2 Recettes simples et saines

Dans le jardin où chaque feuille et chaque racine entonnent une mélodie de croissance et de vie, se trouve une source d'inspiration culinaire qui attend d'être découverte. Tirer le meilleur de votre jardin pour créer des recettes simples et saines est un art qui mêle la créativité à la conscience, transformant les fruits de la terre en plats qui nourrissent le corps et l'esprit. Cette pratique culinaire n'est pas seulement une manière de se sustenter ; c'est une célébration des saveurs, des textures, et des couleurs que la nature nous offre généreusement.

La cuisine issue du jardin s'ancre dans la philosophie de l'utilisation intégrale des produits, où rien n'est gaspillé et tout est valorisé. Cela commence par une récolte réfléchie, choisissant les légumes et les fruits à leur apogée de maturité, où leurs saveurs sont les plus prononcées et leurs nutriments à leur pic. Cette approche consciente se poursuit dans la cuisine, où chaque ingrédient est traité avec respect, reconnaissant sa valeur au-delà de son apport nutritionnel - comme un cadeau de la terre.

Imaginons ensemble quelques recettes qui incarnent l'esprit du jardin à la table, transformant les produits simples du jardin en repas nourrissants et délicieux.

✓ Salade Croquante du Jardinier

Une salade qui célèbre la diversité du jardin, mélangeant des feuilles vertes croquantes, des radis piquants, des carottes juteuses, et des fleurs comestibles pour une touche de couleur et de surprise. L'assaisonnement, un simple vinaigrette d'huile d'olive et de citron, rehausse les saveurs naturelles des légumes. Cette salade est un hommage à la fraîcheur, chaque bouchée rappelant la terre d'où elle provient.

✓ Soupe de Courgettes à la Menthe

Une soupe onctueuse qui allie la douceur des courgettes récoltées à la fraîcheur de la menthe du jardin. Avec une pointe d'ail et un bouillon de légumes maison, cette soupe est à la fois réconfortante et rafraîchissante. Servie chaude ou froide, elle s'adapte à l'humeur des saisons, rappelant les soirées d'été ou les déjeuners ensoleillés d'automne.

✓ Pesto de Basilic du Jardin

Le basilic, avec son parfum enivrant, devient le héros de cette recette simple. Mélangé avec des pignons de pin (ou des noix pour une touche d'originalité), de l'ail frais, du parmesan, et de l'huile d'olive, le pesto de basilic est un condensé de saveurs. Parfait pour accompagner des pâtes, garnir une pizza, ou simplement comme dip, ce pesto est l'essence même du jardin transformé en un mets exquis.

✓ Tarte aux Tomates Cerise et au Chèvre

Une tarte rustique où les tomates cerise, sucrées et acidulées, rencontrent la douceur du fromage de chèvre sur un lit de pâte brisée maison. Le thym et le basilic du jardin ajoutent une dimension aromatique, faisant de cette tarte une célébration des saveurs estivales. C'est un plat qui raconte une histoire, celle d'une journée passée au jardin, sous le soleil.

Ces recettes, et tant d'autres inspirées par le jardin, ne sont pas seulement des moyens de nourrir le corps. Elles sont des invitations au partage, des occasions de rassembler amis et famille autour de la table, de célébrer ensemble les dons de la terre. Dans chaque plat, il y a une histoire, un fil qui nous relie à la nature, à nos proches, et à la communauté plus large. La cuisine jardin est un acte d'amour, un moyen de transformer les produits simples de la terre en moments de connexion et de joie.

Cultiver un jardin et cuisiner avec ses produits est une aventure qui nous change, nous enseignant l'importance de la simplicité, de la saisonnalité, et de la gratitude. Chaque repas devient une occasion de se rappeler d'où vient notre nourriture, de reconnaître le travail et l'amour qui se cachent derrière chaque ingrédient. C'est dans cette reconnaissance que nous trouvons une véritable nourriture pour l'âme, un sens profond qui transcende le simple acte de manger pour devenir une célébration de la vie elle-même.

5.3 Conservation des aliments

Au cœur du jardin, où chaque récolte est une célébration de la terre et de ses bienfaits, se trouve une pratique ancestrale, humble et pourtant révolutionnaire : la conservation des aliments. Cette sagesse, transmise de génération en génération, est une clé pour prolonger la générosité de chaque saison, pour capturer l'essence de l'été dans un bocal, la douceur de l'automne dans un pot de confiture, et la robustesse de l'hiver dans des conserves maison. La conservation des aliments est un art, une science, et une forme de gratitude envers la nature, nous permettant de savourer ses cadeaux bien au-delà de leur saison de récolte.

Le séchage est l'une des plus anciennes méthodes de conservation, simple et élégante dans sa capacité à préserver les aliments en extrayant l'humidité. Des herbes aromatiques suspendues dans une cuisine baignée de soleil, des tranches de pommes ou de tomates disposées délicatement sur des grilles, chaque élément séché est une capsule temporelle, enfermant les saveurs et les arômes intenses de moments éphémères. Le séchage nous enseigne la patience, le respect du rythme de la nature, et la joie de redécouvrir ces goûts concentrés dans nos plats, en plein hiver, comme un rappel des jours ensoleillés passés.

La mise en conserve est un pont entre les saisons, une pratique qui allie la chaleur de l'été à la fraîcheur de l'hiver. Tomates pelées, compotes de fruits, légumes marinés, chaque bocal est un trésor, une réserve de goût et de nutrition. Cette technique, avec ses rituels de stérilisation et de scellage, est un témoignage de notre capacité à travailler en harmonie avec la nature, à préparer et à préserver, à ne rien laisser au hasard. La mise en conserve est un acte de prévoyance, une manière de s'assurer que le garde-manger reste un reflet de l'abondance du jardin, même lorsque les branches sont nues.

La fermentation est une magie ancienne, un processus qui transforme les aliments grâce à l'action de micro-organismes bénéfiques. Choucroute, kimchi, pickles de légumes, chaque création fermentée est vivante, évolutive, riche en probiotiques et en saveurs complexes. Cette pratique est un rappel que, même dans la conservation, il y a une place pour le changement, pour la transformation. La fermentation nous apprend à embrasser l'imprévu, à reconnaître la beauté dans l'évolution, et à célébrer la richesse de la diversité gustative.

Le congélateur, outil moderne de conservation, offre une pause dans le temps, permettant aux fruits, aux légumes, aux herbes, et même aux plats préparés de garder leur qualité presque intacte. Des baies récoltées sous le soleil d'été aux soupes réconfortantes d'automne, le congélateur nous permet de capturer la fraîcheur et la vitalité des aliments à leur apogée. Cette méthode de conservation nous enseigne la flexibilité, la capacité à s'adapter aux technologies actuelles tout en respectant les principes de naturalité et de durabilité.

Au-delà de ses aspects pratiques, la conservation des aliments est un fil qui nous relie au passé, à ces générations qui ont cultivé, récolté, et préservé avec soin. C'est une pratique qui nous rappelle l'importance de vivre en symbiose avec la terre, de respecter ses cycles, et de préparer l'avenir avec sagesse. En conservant les fruits de notre jardin, nous perpétuons un héritage de résilience, de créativité, et de gratitude envers la nature.

Chaque méthode de conservation, du séchage à la fermentation, de la mise en conserve au congélation, est une

célébration de l'abondance de la terre, un témoignage de
notre engagement à tirer le meilleur parti de chaque récolte.
C'est dans ces bocaux, ces paquets, et ces pots que nous
trouvons non seulement les saveurs de saisons passées, mais
aussi les promesses des saisons à venir, un cycle perpétuel
de croissance, de préparation, et de gratitude qui nourrit à la
fois notre corps et notre âme.

Partie 6: Jardinage Inclusif et Accessible

6.1 Adaptations pour tous

Le jardinage, cette danse intime avec la terre, n'est pas un privilège réservé à quelques-uns, mais un droit fondamental, accessible à tous ceux qui désirent y participer. Dans le monde idéal du jardinage accessible, chaque personne, quels que soient ses moyens, ses capacités physiques ou ses connaissances, trouve sa place et sa voie vers la croissance et la guérison à travers le contact avec la nature. Cette vision d'un jardinage inclusif est non seulement un appel à repenser nos espaces verts, mais aussi une invitation à briser les barrières qui séparent l'individu de son environnement naturel.

Au cœur de cette quête d'accessibilité se trouve l'adaptation, une série de modifications intelligentes et créatives conçues pour ouvrir le jardin à tous. Ces adaptations vont des solutions architecturales, comme les lits surélevés pour les jardiniers en fauteuil roulant, aux outils de jardinage ergonomiques pour ceux qui ont des difficultés à saisir ou à manier les outils traditionnels. L'idée est simple : le jardin doit s'adapter à l'individu, et non l'inverse, permettant à chacun de se connecter avec la terre d'une manière qui respecte ses besoins uniques.

Imaginez des allées plus larges et fermes, permettant un accès facile pour les fauteuils roulants et les déambulateurs, des bacs de culture à hauteur ajustable pour que ceux qui ne peuvent se pencher ou s'agenouiller puissent tout de même planter, arroser et récolter. Pensez à des systèmes d'arrosage automatiques ou à faible effort, réduisant la nécessité d'une manipulation difficile, et à des étiquettes de jardin en gros caractères ou en braille, rendant l'information sur les plantes accessible à tous.

Mais l'accessibilité ne s'arrête pas à l'aspect physique du jardinage. Elle englobe également la diffusion des connaissances et des compétences, assurant que chacun ait les moyens de comprendre et d'interagir avec la nature. Cela peut prendre la forme d'ateliers de jardinage adaptés, de vidéos tutorielles en ligne avec sous-titres et interprétation en langue des signes, ou de communautés de jardinage inclusives où l'entraide permet à chacun de partager ses expériences et d'apprendre les uns des autres.

Au-delà de ces adaptations pratiques, rendre le jardinage accessible, c'est aussi cultiver une attitude d'ouverture et de bienveillance au sein de la communauté des jardiniers. C'est reconnaître que chaque personne, quelles que soient ses capacités, a quelque chose de précieux à apporter au jardin : que ce soit son temps, sa passion, ou sa perspective unique.

En célébrant la diversité des jardiniers, nous enrichissons notre relation collective avec la terre, découvrant de nouvelles façons de cultiver, de soigner et de célébrer la nature.

L'accessibilité dans le jardinage est donc bien plus qu'une série d'ajustements techniques ; c'est une philosophie, une manière de voir et d'interagir avec le monde. En rendant le jardinage accessible à tous, nous ne faisons pas seulement tomber les barrières physiques ; nous ouvrons nos cœurs et nos esprits à la richesse de la diversité humaine. Nous apprenons que, dans le jardin de l'humanité, chaque individu, avec ses particularités et ses défis, est une graine portant en elle le potentiel de croissance, de beauté, et de contribution au bien-être collectif.

C'est dans cet esprit que le jardinage accessible devient une force transformatrice, non seulement pour ceux qui y participent directement, mais aussi pour la société dans son ensemble. En cultivant des jardins accessibles, nous cultivons une culture d'inclusion, de respect et d'amour pour la nature et pour notre prochain. C'est une vision du jardinage qui nourrit non seulement nos jardins, mais aussi notre âme collective, nous rappelant que, dans l'harmonie avec la terre, nous trouvons l'harmonie les uns avec les autres.

6.2 Jardinage en fauteuil roulant

Dans le jardin de l'inclusion, où chaque feuille susurre des histoires de diversité et de résilience, le jardinage en fauteuil roulant se présente comme une symphonie de possibilités, une célébration de la capacité et de l'innovation. Cette pratique, loin d'être une contrainte, devient une exploration créative, un témoignage vibrant de la passion qui anime chaque jardinier, quelle que soit sa mobilité. C'est dans cet esprit d'adaptabilité et d'ingéniosité que le jardin se transforme, s'ouvrant à tous, devenant un espace où les barrières s'effacent devant l'amour de la terre et le désir de croissance.

La première étape vers la création d'un jardin accessible en fauteuil roulant est de repenser l'espace, de l'imaginer non seulement comme un lieu de culture, mais aussi comme un lieu de liberté et d'autonomie. Les allées s'élargissent, s'habillant de surfaces fermes et stables, invitant à la promenade sans entrave, permettant au jardinier de se mouvoir avec aisance parmi les parterres de fleurs et les rangées de légumes. Ces chemins sont les veines du jardin, transportant vie et énergie, reliant le jardinier à son œuvre, lui permettant d'atteindre chaque coin, chaque plante, avec confiance et indépendance.

Au cœur de ce jardin adapté se trouvent les lits surélevés, des structures élégantes qui élèvent la terre à la hauteur idéale, permettant un accès facile sans nécessiter de se pencher ou de s'étirer. Ces lits, véritables toiles de culture, peuvent être ajustés en hauteur et en largeur, s'adaptant parfaitement aux besoins individuels, rendant chaque tâche, de la plantation à la récolte, une joie simple et accessible. Ils sont le reflet d'une philosophie où le jardin vient à la rencontre du jardinier, où chaque besoin est anticipé et chaque désir de verdure satisfait.

Dans ce jardin, les outils se réinventent, devenant des prolongements de la volonté du jardinier. Manches allongés, poignées adaptées, outils légers mais robustes, chaque instrument est choisi pour sa facilité d'utilisation et son efficacité. Ils sont les compagnons fidèles du jardinier en fauteuil roulant, des alliés dans sa quête de beauté et de productivité, permettant un travail précis et réduit en effort, faisant du jardinage non pas une épreuve, mais une source de plaisir et d'accomplissement.

Mais plus encore, le jardinage en fauteuil roulant est une affaire de communauté et de partage. Il s'inscrit dans un mouvement plus large d'accessibilité et d'inclusion, invitant à la collaboration, à l'échange de conseils et d'astuces, à la construction d'un réseau de soutien où chaque jardinier, quelles que soient ses capacités, trouve une place et une voix. C'est dans cet esprit de solidarité que des ateliers sont organisés, des ressources partagées, des expériences échangées, tissant ensemble un tissu de connaissances et d'entraide qui enrichit le jardin et ceux qui y cultivent.

En fin de compte, le jardinage en fauteuil roulant transcende la simple activité de planter et de cultiver. C'est une affirmation de la vie, une célébration de la capacité à surmonter les obstacles, à trouver dans la terre et dans la croissance des plantes une source d'énergie, de joie et de guérison. Dans ce jardin accessible, chaque sentier, chaque lit surélevé, chaque outil adapté est un chapitre d'une histoire plus grande, celle d'un monde où le jardinage est véritablement un acte accessible à tous, une source de beauté et de bien-être sans limites. C'est une vision du jardinage qui embrasse pleinement la diversité de l'expérience humaine, reconnaissant que dans la variété se trouve la véritable richesse, et que dans l'acte de cultiver ensemble, nous cultivons également un avenir plus inclusif et harmonieux pour tous.

6.3 Jardinage pour les enfants

Dans le jardin de l'apprentissage, où chaque grain de terre et chaque goutte de rosée portent en eux des leçons de vie, le jardinage pour les enfants s'érige comme un pilier essentiel à l'éducation de la prochaine génération. Cette terre fertile, riche en possibilités, devient le terrain de jeu idéal pour semer les graines de la curiosité, de la responsabilité et de l'amour pour la nature chez les plus jeunes. Cultiver un jardin avec des enfants est une aventure partagée, un voyage de découverte qui va bien au-delà de la simple pousse sortant de terre ; c'est une exploration de la vie elle-même.

Au cœur de ce jardin pédagogique, chaque activité de jardinage est conçue comme une histoire à raconter, une énigme à résoudre, transformant les tâches quotidiennes en aventures captivantes. Planter une graine devient un acte magique, un moment suspendu où l'on enseigne la patience et l'émerveillement, observant avec anticipation le miracle de la croissance. Arroser les plantes se transforme en leçon de soin et d'empathie, montrant aux enfants qu'avec de l'attention et de l'affection, même le plus petit des êtres peut s'épanouir et prospérer.

Les enfants, avec leur imagination débordante et leur soif insatiable de comprendre le monde, sont initiés aux cycles de la vie à travers le jardinage. Ils apprennent que chaque saison porte en elle un don unique ; le printemps éveille la terre endormie, l'été célèbre l'abondance, l'automne prépare au repos et l'hiver offre le temps de la réflexion. Ces cycles naturels enseignent aux enfants la résilience, l'adaptabilité et le respect du temps, des valeurs essentielles pour naviguer dans la complexité de la vie.

Le jardin devient également une classe vivante où les leçons de biologie prennent vie. Les enfants découvrent les mystères de la photosynthèse en observant les feuilles au microscope, comprennent l'importance des insectes pollinisateurs en suivant le vol des abeilles et saisissent les enjeux de la biodiversité en créant des habitats pour différentes espèces. Chaque plante, chaque insecte devient un sujet d'étude fascinant, éveillant un sens de l'émerveillement et un désir d'apprendre qui restent bien au-delà des murs du jardin.

Mais le jardinage pour les enfants est plus qu'une éducation scientifique ; c'est une leçon de vie. En travaillant la terre, en prenant soin des plantes, les enfants cultivent aussi des qualités intérieures comme la patience, la persévérance et la gratitude. Ils apprennent la valeur du travail, voyant les résultats tangibles de leurs efforts dans les légumes qu'ils récoltent et les fleurs qui égayent leur jardin. Ces expériences précoces de réussite et parfois d'échec leur enseignent l'importance de la ténacité, de l'optimisme et de la capacité à s'adapter aux circonstances changeantes.

Le jardinage avec les enfants est également un acte profondément social, encourageant la collaboration, le partage et la responsabilité collective. Les tâches de jardinage, réalisées en groupe, favorisent l'esprit d'équipe et le sentiment d'appartenance, montrant aux enfants qu'ensemble, nous pouvons créer quelque chose de beau et de nourrissant, non seulement pour nous-mêmes mais pour la communauté tout entière.

En fin de compte, éduquer la prochaine génération à travers le jardinage, c'est semer les graines d'un avenir plus vert, plus conscient et plus connecté. C'est leur enseigner que dans chaque parcelle de terre se trouve un potentiel infini pour le changement, que dans chaque graine plantée réside une promesse d'avenir. Cultiver un jardin avec des enfants, c'est cultiver l'espoir, l'innovation et un profond respect pour la terre qui nous nourrit tous. C'est une promesse que, main dans la main avec la nature, nous pouvons façonner un monde où la croissance, sous toutes ses formes, est célébrée et chérie.

6.4 Jardinage communautaire

Au cœur de la communauté, où les liens se tissent et se renforcent à travers les gestes les plus simples, le jardinage communautaire émerge comme une oasis de collaboration et de partage. Cette parcelle de verdure, nichée au sein de l'urbanité ou étalée à la périphérie d'un village, devient un microcosme de la société, un lieu où le partage de l'espace et des ressources n'est pas seulement une nécessité, mais une célébration de la diversité et de l'unité. Dans ce jardin collectif, chaque individu, quels que soient son âge, sa culture ou son expérience, apporte sa contribution unique à un projet commun, tissant ensemble un paysage vivant qui nourrit le corps, l'esprit et le lien social.

Le jardinage communautaire n'est pas seulement une question de cultiver des légumes et des fleurs ; c'est une pratique de cultiver des relations, de bâtir une communauté autour de valeurs partagées telles que la durabilité, l'entraide et le respect de la nature. Chaque parcelle, chaque rangée de légumes devient un testament de ce que nous pouvons accomplir ensemble, illustrant la force de la coopération et la joie de partager non seulement la récolte, mais aussi les connaissances, les compétences et les moments de vie.

Dans ce jardin partagé, les barrières tombent. Les anciens transmettent leur sagesse aux plus jeunes, partageant les secrets d'un sol fertile et les mystères d'une graine qui germe. Les novices, avec leur enthousiasme et leur désir d'apprendre, apportent de nouvelles idées, de nouvelles énergies, enrichissant le projet de perspectives fraîches. Les cultures se rencontrent, les traditions se mêlent, créant un espace où la diversité est non seulement acceptée, mais célébrée. Chaque jour passé dans le jardin communautaire est une occasion d'apprendre de l'autre, de découvrir la richesse inhérente à nos différences.

Le partage des ressources, au-delà de l'aspect matériel, devient un symbole puissant de solidarité. L'eau, la terre, les outils et le savoir circulent librement, chaque membre de la communauté contribuant selon ses moyens et bénéficiant selon ses besoins. Cette économie du partage, basée sur la confiance et la générosité, offre une alternative vivante aux modèles de consommation individualistes, rappelant que dans l'union et le partage réside une abondance véritable.

Les défis, inévitables dans toute entreprise collective, deviennent des opportunités de croissance et de renforcement des liens communautaires. Les discussions sur la rotation des cultures, la gestion de l'eau ou la lutte contre les parasites se transforment en moments d'échange et de décision collective, où chaque voix compte, où chaque opinion est valorisée. Ces défis, surmontés ensemble, renforcent le sentiment d'appartenance à une communauté, à un projet commun plus grand que la somme de ses parties.

Le jardin communautaire, avec ses allées et ses parterres foisonnants, devient un lieu de rassemblement, un espace de célébration où les fêtes de la récolte, les ateliers éducatifs et les pique-niques partagés rythment les saisons. C'est un lieu de paix, où l'on peut trouver refuge du tumulte du monde extérieur, un sanctuaire de verdure où l'on vient se ressourcer, se reconnecter avec la terre et avec ses semblables.

Cultiver un jardin communautaire, c'est donc bien plus que faire pousser des plantes ; c'est cultiver une vision du monde où le partage, la solidarité et la connexion avec la nature sont au cœur de notre existence. C'est une affirmation que, ensemble, nous pouvons créer des espaces de beauté et d'abondance, où chaque individu contribue à un bien commun, où chaque action nourrit non seulement notre besoin de nature, mais aussi notre soif de communauté. Dans le jardinage communautaire, nous trouvons une voie vers un futur plus vert, plus uni, où le soin de la terre et le soin des uns des autres sont indissociablement liés, tissant ensemble le tissu d'une société plus harmonieuse et durable.

Partie 7: Biodiversité et

7.1 Attirer la faune

Dans l'harmonieuse quête de réconciliation avec la nature, créer un havre pour les oiseaux et les insectes dans nos jardins ou balcons se présente non seulement comme un geste de bienveillance envers la biodiversité, mais aussi comme un enrichissement de notre quotidien par la présence apaisante et vivifiante de la faune. À travers une approche empreinte de délicatesse et de respect, nous pouvons transformer nos espaces extérieurs en sanctuaires accueillants pour ces êtres précieux, contribuant ainsi à la conservation de la nature tout en embellissant nos lieux de vie.

Commencer cette métamorphose nécessite une compréhension intime des besoins et des habitudes des différentes espèces que l'on souhaite attirer. Pour les oiseaux, l'élément central réside dans la disponibilité de nourriture, d'eau, et de lieux propices à la nidification. Installer des mangeoires, des bains d'oiseaux, et des nichoirs peut les encourager à visiter et à demeurer dans votre jardin.

Cependant, la véritable magie opère lorsque l'on intègre ces éléments de manière à compléter l'esthétique naturelle du jardin, en choisissant par exemple des mangeoires et des nichoirs fabriqués en matériaux naturels et en les plaçant parmi les branches d'arbres ou à proximité de haies fournies.

L'attraction des insectes, pollinisateurs essentiels de nos jardins, s'articule autour de la sélection des plantes. Opter pour des espèces indigènes et diversifiées favorise la visite d'une large palette d'insectes. Les fleurs à structure ouverte, telles que les marguerites et les lavandes, offrent un accès facile au nectar et aux pollens. De plus, la création de zones sauvages, où le sol est laissé à l'état naturel et où les feuilles mortes s'accumulent, peut fournir des habitats indispensables aux insectes pour se reproduire et hiberner.

L'eau est un autre élément vital à intégrer, que ce soit pour les oiseaux venant se désaltérer ou pour les insectes comme les abeilles et les papillons. Une petite mare ou même un simple récipient d'eau peu profond, agrémenté de pierres et de branches pour permettre aux insectes de s'abreuver sans risque, peut faire toute la différence. Veiller à renouveler l'eau régulièrement et à maintenir ces points d'eau propres est crucial pour prévenir la propagation de maladies.

Dans cette démarche, il est essentiel de s'abstenir de l'utilisation de pesticides et d'insecticides chimiques qui, bien que visant à protéger les plantes, peuvent être néfastes pour la faune que l'on cherche à attirer. Adopter des méthodes de lutte biologique et encourager la présence d'insectes prédateurs naturels comme les coccinelles et les guêpes parasitoïdes peut aider à maintenir l'équilibre écologique du jardin.

Enfin, l'observation et l'ajustement sont les clés d'un havre réussi pour la faune. Prendre le temps d'observer les visiteurs de votre jardin, noter les espèces qui s'y plaisent et celles qui sont absentes, peut fournir des indications précieuses sur les améliorations à apporter. Peut-être certaines plantes n'attirent-elles pas autant que prévu, ou peut-être les nichoirs sont-ils placés trop bas ou trop exposés. Chaque jardin est unique, et ce qui fonctionne pour l'un peut ne pas être idéal pour un autre. C'est dans cet esprit d'expérimentation et d'apprentissage continu que nous pouvons véritablement contribuer à la sauvegarde de notre environnement tout en profitant de la beauté et de la sérénité qu'apporte la présence de la faune.

7.2 Compostage et recyclage

Dans le ballet incessant des saisons, la nature nous enseigne l'art de la transformation et du renouvellement. Chaque feuille qui tombe, chaque brin d'herbe qui se flétrit, ne marque pas une fin, mais le début d'un cycle de vie nouveau. Inspirés par cette sagesse ancestrale, nous sommes conviés à réinventer notre rapport aux déchets, à voir au-delà de leur apparente finalité pour embrasser une vision cyclique de la consommation et du recyclage. Le compostage et le recyclage incarnent cette philosophie, nous permettant de fermer le cercle, de rendre à la terre ce qu'elle nous a généreusement offert.

Le compostage est plus qu'une simple méthode de réduction des déchets; c'est un acte de création, une alchimie qui transforme les épluchures de légumes, les restes de jardin et les feuilles mortes en un terreau fertile, riche en nutriments, capable de nourrir la terre et d'insuffler une nouvelle vie. Ce processus, étonnamment simple, est à la portée de tous. Il suffit de commencer par assembler un composteur, qu'il soit acheté ou fabriqué à partir de matériaux récupérés, et d'y déposer les déchets organiques, en veillant à équilibrer les matières vertes, riches en azote, et les matières brunes, riches en carbone. L'air et l'eau, tels des complices dans cette transformation, jouent un rôle crucial, nécessitant un brassage régulier et un maintien de l'humidité pour favoriser l'activité des micro-organismes.

Mais le compostage est plus qu'une simple technique; c'est un engagement, un dialogue continu avec notre environnement. Il nous enseigne la patience, nous rappelant que la nature œuvre à son propre rythme, et nous offre en retour un sol vivant, témoin de la richesse de la vie qu'il abrite. En nourrissant notre jardin avec du compost, nous bouclons le cercle, créant un espace où la vie s'épanouit dans un respect profond des cycles naturels.

Le recyclage, quant à lui, représente notre volonté de réduire l'impact de notre consommation sur la planète. En triant nos déchets, en séparant le verre, le papier, le plastique, nous participons à une chaîne de responsabilité qui s'étend bien au-delà de notre foyer. Chaque objet recyclé est une ressource préservée, un geste contre le gaspillage et la dégradation environnementale. Pourtant, le recyclage ne se limite pas à une simple séparation des matières; c'est une invitation à repenser notre mode de vie, à privilégier les produits durables, à réduire notre consommation de plastique à usage unique, à embrasser une économie circulaire où chaque produit est conçu pour être réparé, réutilisé, recyclé.

Ces pratiques, compostage et recyclage, sont des fils tissés dans la trame d'une existence respectueuse de la terre. Elles nous rappellent que nous sommes non seulement des habitants de cette planète, mais aussi des gardiens, chargés de préserver son équilibre et sa beauté pour les générations futures. Fermer le cercle n'est pas seulement un acte écologique; c'est une philosophie de vie, un engagement à vivre en harmonie avec le monde naturel, reconnaissant et célébrant notre interdépendance avec la terre qui nous nourrit et nous abrite.

7.3 Jardinage sans pesticide

Dans l'écrin verdoyant d'un jardin où la rosée du matin embrasse délicatement les pétales et les feuilles, se dévoile le sanctuaire d'une pratique ancestrale, celle du jardinage sans pesticide. C'est un art qui célèbre la vie sous toutes ses formes, respectant l'équilibre fragile mais essentiel entre les plantes, les insectes, les oiseaux et les micro-organismes du sol. Cette approche, empreinte de patience et d'observation, nous invite à redécouvrir les pratiques naturelles, à tisser un lien intime avec notre environnement, à écouter et à répondre aux besoins de notre jardin sans recourir à des solutions chimiques.

Le jardinage sans pesticide s'enracine dans la prévention, dans l'art de créer un écosystème équilibré où chaque élément joue un rôle crucial. Plutôt que de voir les insectes comme des ennemis à éliminer, nous apprenons à les percevoir comme des partenaires, des indicateurs de la santé de notre jardin. En favorisant la biodiversité, en invitant une variété d'espèces végétales indigènes, nous forgeons un bastion contre les invasions d'espèces nuisibles. Les plantes robustes, bien adaptées à leur environnement, résistent mieux aux maladies et aux parasites. Ainsi, le choix des végétaux, guidé par la connaissance de leur milieu naturel, devient la première défense contre les déséquilibres écologiques.

Au cœur de cette démarche se trouve la conviction que le sol est la fondation de la vie dans le jardin. Un sol sain, riche en matière organique, favorise le développement d'un réseau complexe de vie souterraine. En nourrissant le sol avec du compost, en pratiquant la rotation des cultures et en utilisant des paillis naturels pour en maintenir l'humidité et en enrichir la structure, nous encourageons une terre vivante, capable de soutenir nos plantes dans leur croissance et de les aider à résister naturellement aux maladies.

Les pratiques naturelles de lutte contre les parasites et les maladies, telles que l'utilisation de purins de plantes ou d'huiles essentielles, sont redécouvertes et valorisées. Ces méthodes, héritées de la sagesse populaire et affinées par l'expérience, se révèlent souvent efficaces tout en étant douces pour l'environnement. L'introduction de prédateurs naturels, comme les coccinelles pour lutter contre les pucerons, ou la création d'habitats favorables aux auxiliaires de jardin, tels que les hérissons et les oiseaux, renforcent cette stratégie de protection biologique.

Le jardinage sans pesticide est également une invitation à la patience et à l'acceptation. Accepter qu'une certaine présence d'insectes et de maladies fait partie de l'équilibre naturel, que le jardin parfait dans sa stérilité est un mythe. Observer, expérimenter, apprendre de nos erreurs et célébrer nos succès nous rapproche de la véritable essence du jardinage : une coexistence harmonieuse avec la nature.

En adoptant ces pratiques naturelles, nous ne faisons pas seulement le choix de protéger notre santé et celle de notre environnement. Nous réaffirmons notre place au sein du cercle de la vie, reconnaissant que chaque action, chaque décision prise dans notre jardin, a des répercussions bien au-delà de ses limites. Le jardinage sans pesticide devient alors plus qu'une méthode de culture ; c'est une philosophie, un engagement profond envers la terre qui nous nourrit et nous abrite, un pas vers la guérison de notre planète.

Partie 8: Jardinage en Espaces Restreints

8.1 Solutions verticales

Dans le dédale urbain où l'espace est un luxe et chaque parcelle de terre une oasis convoitée, l'art du jardinage vertical émerge comme une révolution verte, une manière ingénieuse d'optimiser l'espace tout en créant des sanctuaires de verdure. Cette pratique, loin d'être une simple réponse à la contrainte spatiale, devient une expression de créativité et de durabilité, réinventant notre relation avec le jardinage et notre environnement.

Le jardinage vertical n'est pas seulement une solution à l'étroitesse des espaces urbains ; c'est une invitation à regarder vers le ciel, à explorer les dimensions verticales de la croissance et à découvrir une nouvelle perspective sur ce que signifie cultiver. Dans ce contexte, chaque mur, chaque balcon, et même chaque rebord de fenêtre devient un terrain fertile pour la verdure, transformant les surfaces inertes en toiles vivantes de feuillage et de fleurs.

Cette approche du jardinage commence par l'embrassement de structures verticales – treillis, murs végétalisés, tours de culture, et étagères à plantes – qui permettent aux plantes de s'élever, défiant la gravité. Ces structures ne sont pas seulement fonctionnelles ; elles sont conçues avec une esthétique en tête, intégrant la beauté naturelle des plantes dans l'architecture de nos vies quotidiennes. Elles invitent la nature dans nos espaces les plus intimes, offrant des vues verdoyantes là où auparavant il n'y avait que du béton et du verre.

Le choix des plantes pour un jardin vertical est un acte délibéré, privilégiant les espèces qui prospèrent dans ces conditions uniques. Des herbes aromatiques qui parfument l'air d'une terrasse aux succulentes qui ornent un mur avec peu de soins, chaque plante est sélectionnée pour sa capacité à grandir vers le haut, à s'adapter à des volumes de terre limités, et à offrir en retour beauté et productivité. Les plantes grimpantes, comme le lierre ou la vigne de tomate, s'enroulent autour des treillis, tandis que les légumes feuillus et les fleurs comestibles ajoutent une touche de couleur et de saveur, transformant chaque espace vertical en un festin pour les yeux et le palais.

L'irrigation dans le jardinage vertical devient une considération cruciale, adoptant des systèmes goutte-à-goutte ou des solutions hydroponiques qui assurent une distribution uniforme de l'eau sans gaspillage. Ces systèmes, souvent automatisés, reflètent une harmonie entre la technologie et la nature, facilitant le soin des plantes tout en respectant les ressources précieuses.

Au-delà de ses aspects pratiques, le jardinage vertical est un témoignage de notre capacité à innover et à s'adapter. Il nous enseigne que, même dans les contraintes, il y a une opportunité pour la croissance, pour la création de quelque chose de beau et de nourrissant. C'est une métaphore vivante de la résilience, montrant comment, avec imagination et détermination, nous pouvons transformer les défis en sources d'abondance.

Le jardinage vertical, dans son essence, est une célébration de la verticalité de la vie – une reconnaissance que, même dans les espaces les plus confinés, il y a toujours place pour s'élever, pour atteindre vers le ciel. C'est une pratique qui enrichit non seulement nos espaces de vie, mais aussi notre expérience du monde, nous rappelant que la nature, dans toute sa diversité et sa splendeur, peut trouver sa place partout où il y a un désir de croître. Dans chaque treillis, dans chaque mur végétalisé, réside une promesse – celle d'un monde où l'humain et la nature coexistent en harmonie, créant ensemble des espaces de beauté, de durabilité et de vie.

8.2 Plantes d'intérieur et hydroponie

Dans l'ère contemporaine, où la ligne entre l'intérieur et l'extérieur s'amincit, le jardinage se réinvente, embrassant les technologies et les approches qui reflètent notre monde en constante évolution. Les plantes d'intérieur et l'hydroponie émergent comme des piliers du jardinage moderne, des symboles de notre désir d'intégrer le naturel dans nos vies urbaines et numériques, de créer des espaces de verdure là où la terre est absente. Cette fusion entre nature et innovation ouvre de nouvelles avenues de croissance, non seulement pour les plantes mais aussi pour l'esprit humain, cultivant un lien profond avec le vivant dans les coins les plus inattendus de nos habitations.

Les plantes d'intérieur, avec leur diversité et leur adaptabilité, transforment nos espaces de vie en sanctuaires de verdure, en oasis de tranquillité au milieu du tumulte urbain. Chaque feuille, chaque tige, devient une déclaration d'harmonie, une réminiscence de la forêt dans le salon, du jardin dans la cuisine. Ces compagnons verts ne sont pas seulement des embellissements ; ils sont des compagnons de vie, purifiant l'air, améliorant notre humeur, et nous connectant à la terre même dans le confinement de nos murs. Les fougères délicates, les succulentes robustes, les palmiers majestueux, et les herbes aromatiques prospèrent sous nos toits, apportant des textures, des couleurs, et des parfums qui enrichissent notre quotidien.

L'hydroponie, cette technique où l'eau devient le berceau de la vie, marque une révolution dans notre manière de cultiver. Sans besoin de terre, nourrissant les plantes directement à travers une solution nutritive, l'hydroponie incarne le jardinage de demain, un jardinage qui défie les contraintes d'espace, de sol, et même de climat. Dans des systèmes hydroponiques, les racines des plantes plongent dans une eau enrichie, suspendues dans l'air, dans un ballet de croissance qui fascine et inspire. Tomates, salades, herbes, et même certains fruits trouvent dans l'hydroponie un environnement propice à une croissance vigoureuse, ouvrant les portes à une agriculture urbaine durable et productive, à une autonomie alimentaire même dans le plus petit des appartements.

Ce jardinage moderne, avec ses plantes d'intérieur et ses systèmes hydroponiques, est plus qu'une réponse aux défis de notre temps ; c'est une réaffirmation de notre lien intrinsèque avec le vivant. Il nous enseigne que la nature n'est pas un lieu à visiter, mais un état d'être, que le jardinage n'est pas une activité limitée à l'extérieur, mais une expression de notre essence la plus profonde. En adoptant ces pratiques, nous embrassons une vision du monde où l'harmonie avec la nature est maintenue et célébrée, où chaque goutte d'eau, chaque rayon de lumière, est utilisé avec intention et respect.

Le jardinage moderne, à travers les plantes d'intérieur et l'hydroponie, devient un acte de créativité, une exploration de possibilités infinies. Il repousse les frontières de ce qui est possible, nous invitant à imaginer des espaces de vie où la verdure suspendue, les jardins muraux, et les îlots de biodiversité deviennent la norme. Cette approche novatrice du jardinage est un dialogue continu avec la nature, une quête pour intégrer le vert dans le tissu de notre vie quotidienne, rendant chaque jour un peu plus vivant, un peu plus connecté.

Dans cette histoire du jardinage moderne, nous découvrons que notre relation avec les plantes est une métaphore de notre relation avec le monde : interdépendante, évolutive, et profondément nourricière. Les plantes d'intérieur et l'hydroponie ne sont pas simplement des tendances ou des hobbies ; ce sont des expressions d'un désir profond de cohabiter avec la nature, de reconnaître sa présence vitale dans tous les aspects de notre existence. En cultivant ces jardins modernes, nous cultivons également une vision pour l'avenir, un avenir où la nature et l'humanité prospèrent ensemble, dans un équilibre harmonieux et durable.

8.3 Balcons et terrasses

Dans le tissu dense des villes, où le ciel est souvent caché par des tours d'acier et de verre, les balcons et les terrasses émergent comme de précieux refuges de verdure, des havres de paix où la nature se fraie un chemin à travers le béton. Ces petits espaces verts, bien que limités en surface, sont infinis dans leur potentiel de transformation et de beauté. Ils incarnent l'esprit de résilience et d'innovation, prouvant que même dans les contraintes les plus strictes, il est possible de créer des oasis de vie et de couleur.

La magie des balcons et des terrasses réside dans leur capacité à se métamorphoser, passant de simples extensions architecturales à des jardins suspendus, des lieux où les plantes et les fleurs prospèrent, apportant joie et sérénité à nos vies urbaines. Cette transformation n'est pas le fruit du hasard, mais le résultat d'une approche délibérée et créative du jardinage, une approche qui considère chaque centimètre carré comme précieux, chaque rayon de soleil comme une bénédiction.

Pour cultiver ces petits espaces verts, il faut d'abord reconnaître la spécificité de leur environnement. Les conditions de lumière, le vent, l'exposition aux éléments - tous ces facteurs jouent un rôle crucial dans la sélection des plantes et dans la conception du jardin. Les plantes résistantes au vent et aimant le soleil, comme les lavandes et les succulentes, trouvent souvent un foyer idéal sur les balcons ensoleillés, tandis que les fougères et les hostas peuvent prospérer dans les recoins ombragés des terrasses. Cette attention portée au microclimat de chaque espace est la première étape pour créer un jardin qui non seulement survit mais prospère.

L'utilisation judicieuse de contenants et de bacs de plantation est un autre pilier du jardinage sur balcon et terrasse. Les pots et les jardinières deviennent les terrains de culture dans lesquels les plantes s'enracinent, mais ils sont aussi des éléments esthétiques, ajoutant forme et couleur au jardin. Le choix de contenants adaptés, combiné à une compréhension de leurs besoins en drainage et en espace, permet de cultiver une variété surprenante de végétation, des herbes aromatiques aux petits arbustes, transformant chaque balcon et terrasse en un patchwork vivant de verdure.

Mais au-delà des aspects techniques, cultiver des balcons et des terrasses est un acte de créativité et d'imagination. C'est envisager des structures verticales pour maximiser l'espace, intégrer des treillis et des supports pour les plantes grimpantes, et créer des niveaux et des textures qui attirent l'œil et l'esprit. C'est jouer avec les couleurs et les parfums, concevoir des compositions qui changent avec les saisons, offrant un spectacle toujours renouvelé à travers l'année.

Ces petits espaces verts sont aussi des lieux de connexion - avec la nature, avec nos voisins, et avec nous-mêmes. Ils deviennent des espaces de partage, où les graines et les boutures passent de main en main, tissant des liens communautaires à travers le simple acte de jardiner. Ils sont des invitations à la pause, à la réflexion, où l'on peut s'échapper du rythme frénétique de la vie urbaine pour trouver un moment de calme et de contemplation.

En fin de compte, les balcons et les terrasses, ces petits espaces verts, sont une célébration de la vie et de la possibilité. Ils nous rappellent que, peu importe la taille de notre espace, il y a toujours de la place pour la beauté, pour la croissance, pour le vert. Dans chaque pot et chaque jardinière se trouve une promesse - celle d'un monde plus doux, plus vert, où chaque balcon et chaque terrasse est un poème, une petite révolution verte dans le cœur de la cité.

Partie 9: Cultures Spéciales et Thématiques

9.1 Herbes médicinales

Au cœur de chaque jardin, où le murmure du vent raconte d'anciennes sagesses et où chaque pétale, chaque feuille détient le secret de la guérison, les herbes médicinales se dressent comme des sentinelles de la santé et du bien-être. Leur culture et leur utilisation sont des pratiques ancestrales, transmises à travers les générations, témoignant d'une relation profonde et respectueuse entre l'homme et la nature. Dans ce chapitre de notre jardin, nous explorons non seulement comment cultiver ces précieuses alliées, mais aussi comment elles peuvent enrichir notre vie, apportant équilibre et harmonie.

La culture des herbes médicinales est un acte de foi en la puissance de la nature, un engagement à écouter et à apprendre de la terre. Chaque herbe, de la camomille apaisante à la menthe vivifiante, du thym antiseptique à la lavande calmante, est choisie non seulement pour sa beauté ou son arôme, mais pour sa capacité à soigner, à réconforter, à restaurer. Ces plantes demandent peu pour prospérer - un sol bien drainé, un ensoleillement adéquat, et une touche de soin - mais offrent beaucoup en retour, partageant généreusement leurs vertus avec ceux qui les chérissent.

La culture de ces herbes nous enseigne la patience, la délicatesse, et l'attention. Il ne suffit pas de planter et d'attendre ; il faut observer, interagir, et réagir. Chaque herbe a ses besoins spécifiques, ses préférences de lumière et d'eau, et apprendre à les connaître est un voyage en soi, une exploration intime du cycle de la vie. Cette relation entre le jardinier et ses plantes médicinales est fondée sur le respect mutuel, une compréhension que nous sommes gardiens de ces cadeaux de la nature, responsables de leur bien-être et de leur prospérité.

L'utilisation de ces herbes est un art ancien, une sagesse qui nous relie à nos ancêtres et à leurs connaissances du monde naturel. Les herbes médicinales peuvent être transformées en tisanes et infusions, libérant leurs propriétés curatives dans l'eau chaude pour soigner, apaiser, ou revitaliser. Elles peuvent être incorporées dans des huiles, des baumes, et des pommades, devenant des remèdes pour le corps et l'esprit. Chaque préparation est un rituel, une célébration de la vie et de la guérison, un moment où nous sommes pleinement présents, engagés dans l'acte de prendre soin de nous et des autres.

Mais au-delà de leurs usages médicinaux, les herbes sont des enseignantes. Elles nous rappellent l'importance de l'équilibre, de l'harmonie entre le corps et l'esprit, entre l'humain et la nature. Elles nous apprennent que la santé n'est pas seulement l'absence de maladie, mais un état de bien-être total, où le physique, le mental, et l'émotionnel sont en accord. En intégrant les herbes médicinales dans notre vie, nous adoptons une approche holistique de la santé, reconnaissant que chaque aspect de notre être est interconnecté, que prendre soin de l'un est prendre soin de tout.

Cultiver et utiliser les herbes médicinales est donc bien plus qu'une simple activité de jardinage ; c'est une pratique de vie, un engagement envers un bien-être authentique et durable. C'est reconnaître et célébrer le pouvoir de la nature de nous soigner, de nous nourrir, de nous équilibrer. Dans chaque feuille, chaque racine, se trouve une histoire de guérison, un potentiel de transformation. En accueillant ces herbes dans notre jardin, nous ouvrons nos cœurs à leur sagesse, à leur force, à leur beauté, tissant ensemble le passé et le présent dans un jardin de bien-être qui nourrit le corps, l'esprit, et l'âme.

9.2 Jardins de méditation

Dans l'asile verdoyant du jardin, où chaque souffle de vent et chaque frémissement de feuille chantent en harmonie, les jardins de méditation émergent comme des sanctuaires de tranquillité et de pleine conscience. Ces espaces sacrés, conçus avec une intention profonde, invitent à la pause, à la réflexion, et à la connexion avec le moment présent. Ils sont le reflet de notre quête intérieure de paix, un miroir de notre désir de trouver un équilibre dans le tumulte de la vie moderne.

Créer un jardin de méditation est un acte de co-création avec la nature, une danse délicate où chaque élément est choisi non seulement pour sa beauté esthétique, mais pour sa capacité à inspirer la sérénité et l'éveil. L'eau, avec son murmure apaisant, joue un rôle central, que ce soit à travers un petit bassin reflétant le ciel changeant ou une fontaine murmurante qui rappelle le flux incessant du temps. Les pierres, disposées avec soin, ajoutent une touche de solennité et de stabilité, évoquant les montagnes et les sentiers anciens qui nous rappellent la permanence au milieu du changement.

La végétation, choisie pour ses couleurs douces et ses textures apaisantes, enveloppe le visiteur dans un cocon de verdure. Les arbres, avec leur stature majestueuse, offrent ombre et protection, créant un espace où l'on peut se retirer pour contempler, méditer ou simplement respirer. Les plantes à feuilles persistantes symbolisent l'endurance et la continuité, tandis que les fleurs saisonnières rappellent la beauté éphémère de l'existence, invitant à apprécier le moment présent avec gratitude et émerveillement.

Dans ces jardins, les sentiers jouent un rôle crucial, guidant le visiteur dans un voyage à travers l'espace et le temps. Ces chemins, qu'ils serpentent entre les plantations ou mènent à des coins isolés pour s'asseoir et réfléchir, encouragent la marche méditative, un pas après l'autre, une respiration après l'autre, une pratique qui ramène à l'essence de la pleine conscience.

Mais plus encore, les jardins de méditation sont des espaces de silence, où le vacarme du monde extérieur est remplacé par le langage subtil de la nature. C'est dans ce silence que l'on peut entendre sa propre voix intérieure, découvrir des vérités cachées, et sentir une connexion plus profonde avec l'univers. C'est un lieu de guérison, où les barrières entre le soi et le monde s'estompent, où l'on peut se perdre pour mieux se retrouver.

Créer un jardin de méditation, c'est donc bien plus qu'aménager un espace extérieur ; c'est sculpter un refuge pour l'âme, un lieu où la beauté de la nature sert de toile de fond à notre propre quête de sens et d'harmonie. C'est reconnaître que, dans le calme de ces jardins, nous pouvons trouver une force, une inspiration, et un réconfort qui nous accompagnent bien au-delà de leurs limites.

Ces jardins sont un rappel que la pleine conscience n'est pas une destination, mais un chemin, une manière de vivre et de percevoir le monde. En invitant la nature dans notre pratique méditative, nous ouvrons nos cœurs à une sagesse plus ancienne que le temps, à une paix qui dépasse toute compréhension. Les jardins de méditation sont des portails vers cette paix, des havres où la terre et l'esprit se rencontrent, où chaque moment passé est un pas de plus sur le chemin de la pleine conscience.

93. Jardins pour les sens

Dans le sanctuaire verdoyant du jardin, où la symphonie de la nature joue une mélodie perpétuelle, les jardins pour les sens se révèlent comme des espaces de découverte et de connexion profonde. Ces jardins, conçus avec une attention minutieuse à l'éveil sensoriel, invitent à une exploration intime du monde naturel, où toucher, odorat, vue, et même ouïe et goût, deviennent des guides dans un voyage à travers la beauté et les mystères de la vie.

Dans ces espaces, le toucher est célébré par la texture diverse des feuilles, des écorces, et des pétales. Des plantes comme le lambs ear, avec ses feuilles douces et veloutées, invitent à une caresse, tandis que les écorces rugueuses des arbres racontent une histoire de temps et de résilience. Le jardin pour les sens est un lieu où les mains ne sont pas seulement des outils de travail, mais des instruments de connaissance, découvrant le monde à travers la diversité des surfaces et des formes, éveillant une conscience tactile souvent oubliée dans le tumulte quotidien.

L'odorat, ce sens primal lié à nos émotions et souvenirs les plus profonds, est envoûté par le parfum des fleurs, des herbes et de la terre humide. Des roses, avec leurs notes complexes et envoûtantes, aux herbes aromatiques comme la lavande et le romarin, qui libèrent leur essence au moindre frôlement, chaque fragrance attire dans un dialogue silencieux avec la nature. Le jardin pour les sens est un tissage de parfums, un lieu où chaque souffle est une invitation à se souvenir et à ressentir, à se reconnecter avec les plaisirs simples mais profonds de l'existence.

La vue, peut-être le plus sollicité de nos sens, est choyée par un spectacle de couleurs, de formes et de mouvements. Les jardins pour les sens sont conçus comme des tableaux vivants, où les nuances subtiles des verts se mêlent aux explosions de couleurs des fleurs en floraison, où le jeu d'ombre et de lumière crée des tableaux éphémères qui captivent et inspirent. Le jardin devient un lieu de contemplation, un espace où la beauté est non seulement vue mais véritablement perçue, invitant à une méditation sur la diversité et la splendeur du monde naturel.

L'ouïe, souvent submergée par les bruits de notre environnement construit, trouve un réconfort dans les sons délicats du jardin. Le murmure des feuilles dans le vent, le gazouillis des oiseaux, le tintement discret de l'eau d'une fontaine, chaque son contribue à une atmosphère de paix et de sérénité. Le jardin pour les sens est un sanctuaire de tranquillité, où l'écoute devient une pratique de pleine conscience, ouvrant nos oreilles et nos cœurs aux subtiles harmonies de la nature.

Le goût, enfin, n'est pas oublié dans ces jardins de délices. Les fruits et légumes, cultivés avec soin, offrent une explosion de saveurs qui rappellent la terre et le soleil. Les herbes, ajoutées à un plat ou infusées dans une tisane, sont des touches de goût qui relient directement au jardin et à ses cycles de vie. Le jardin pour les sens est aussi un lieu de partage et de célébration, où les produits du jardin deviennent les protagonistes de repas communs, renforçant les liens entre les êtres humains et la terre qui les nourrit.

Créer un jardin pour les sens est un acte d'amour envers la nature et envers soi-même, une affirmation que dans la richesse sensorielle du monde naturel se trouve une clé pour une vie plus équilibrée et harmonieuse. C'est reconnaître que nos sens sont des portes vers une compréhension plus profonde de notre place dans l'univers, des invitations à célébrer chaque moment, chaque respiration, comme un cadeau précieux. Dans le jardin pour les sens, nous apprenons non seulement à voir, mais à regarder ; non

seulement à écouter, mais à entendre ; non seulement à
toucher, mais à sentir – nous réveillons à la splendeur
multiforme de la vie.

Partie 10: Gestion des Problèmes et des Parasites

10.1 Lutte biologique

Au sein du jardin, où chaque brin d'herbe et chaque pétale respirent en harmonie avec les cycles de la nature, la lutte biologique se révèle comme une symphonie de solutions naturelles, orchestrée avec soin pour protéger cet écosystème délicat des ravageurs et des maladies. Cette approche, empreinte de respect pour la terre et ses habitants, repose sur l'équilibre et la biodiversité, employant la sagesse de la nature elle-même pour maintenir la santé et la vigueur du jardin.

La lutte biologique est l'art de la guerre menée avec discernement, où les alliés sont choisis parmi les habitants naturels du jardin : insectes bénéfiques, micro-organismes, et plantes aux propriétés répulsives ou curatives. Cette stratégie n'est pas axée sur l'élimination totale des "ennemis", mais sur la création d'un environnement où la coexistence est possible, où les populations nuisibles sont contrôlées sans perturber l'harmonie du système vivant.

Les auxiliaires de jardin, tels que les coccinelles, les chrysopes et les syrphes, sont de véritables héros dans ce combat délicat. Invités dans le jardin par des plantes spécifiques qui les attirent, ou par la mise en place de refuges où ils peuvent s'abriter et se reproduire, ces insectes bénéfiques se nourrissent des ravageurs, régulant naturellement leur nombre. Cette alliance avec les insectes auxiliaires est une célébration de la vie, une reconnaissance que chaque créature, si petite soit-elle, a un rôle à jouer dans le tableau plus large de l'écosystème.

Les pratiques culturales jouent également un rôle crucial dans la lutte biologique, reflétant une compréhension profonde du sol, des plantes et des cycles naturels. La rotation des cultures, l'association bénéfique de plantes, et le maintien d'un sol sain et vivant sont autant de techniques qui renforcent la résilience du jardin face aux invasions et aux maladies. Ces méthodes, basées sur l'observation et l'expérience, sont des témoignages du dialogue continu entre le jardinier et son jardin, un échange fondé sur le respect mutuel et la coopération.

Au-delà des insectes et des techniques culturales, la lutte biologique fait appel à des préparations naturelles - extraits de plantes, purins, et huiles essentielles - qui protègent les cultures sans nuire à l'environnement. Ces remèdes, hérités de la tradition et enrichis par la recherche moderne, sont appliqués avec discernement, en reconnaissant que leur but n'est pas seulement de soigner les plantes, mais de préserver l'intégrité et la santé de tout l'écosystème.

La lutte biologique, dans son essence, est une pratique d'humilité et d'émerveillement, une approche qui reconnaît la complexité et la beauté du monde naturel. Elle nous enseigne que la solution aux défis du jardin n'est pas dans la domination ou la destruction, mais dans la compréhension et la collaboration. En adoptant cette méthode, nous ne faisons pas seulement un choix pour la santé de nos jardins, mais aussi pour la santé de notre planète, affirmant notre engagement envers une coexistence harmonieuse avec la nature.

Dans le jardin de la lutte biologique, chaque plante, chaque insecte, et chaque microbe est un fil dans le tissu de la vie, un participant dans une danse complexe d'interdépendance. C'est un lieu où la guerre contre les ravageurs est menée non avec des armes chimiques, mais avec la connaissance, la patience, et un profond respect pour la vie sous toutes ses formes. C'est ici que nous découvrons que les plus grandes batailles peuvent être gagnées non par la force, mais par l'harmonie, ouvrant la voie à un jardinage qui nourrit non seulement nos corps, mais aussi nos âmes.

10.2 Prévention des maladies

Au cœur d'un jardin où chaque bourgeon et chaque feuille débordent de vie, la prévention des maladies se présente comme un pilier essentiel pour garder les plantes saines, un engagement quotidien vers la vigilance et la sagesse écologique. Cette démarche proactive n'est pas une lutte contre la nature, mais une harmonisation avec elle, une quête pour comprendre et soutenir les processus naturels qui permettent aux plantes de prospérer dans un équilibre vibrant de santé et de vigueur.

La prévention des maladies dans le jardin commence bien avant l'apparition des premiers symptômes. Elle est enracinée dans la conception même du jardin, dans le choix attentif des plantes et de leur emplacement, respectant leurs besoins spécifiques en matière de lumière, d'eau, et de type de sol. Cette approche réfléchie réduit le stress sur les plantes, les rendant intrinsèquement plus résilientes face aux maladies. C'est une danse délicate avec l'écosystème, où chaque décision est prise avec une conscience des cycles de vie, des interactions entre les espèces, et des dynamiques du sol.

La diversité est une alliée précieuse dans cette quête de prévention, un jardin riche en variétés de plantes étant moins susceptible d'être dévasté par une maladie unique. La rotation des cultures et l'association de plantes complémentaires sont des pratiques ancestrales, des témoignages de la sagesse accumulée au fil des générations, qui ont montré leur efficacité pour maintenir un sol sain et des plantes robustes. Ces méthodes encouragent un environnement dynamique où les nuisibles et les agents pathogènes trouvent moins d'opportunités de s'établir et de se propager.

La santé du sol est le fondement sur lequel repose la prévention des maladies. Un sol vivant, riche en matière organique et en micro-organismes bénéfiques, offre aux plantes la nourriture et la résilience dont elles ont besoin pour se défendre contre les invasions pathogènes. L'ajout régulier de compost, la pratique du paillage, et l'utilisation de cultures de couverture sont des stratégies clés pour nourrir et protéger le sol, renforçant ainsi le système immunitaire naturel des plantes.

L'irrigation judicieuse joue également un rôle crucial dans la prévention des maladies. L'eau est essentielle à la vie, mais son usage doit être modéré et ciblé, évitant les arrosages excessifs qui peuvent favoriser l'apparition de maladies fongiques. L'utilisation de systèmes d'irrigation au goutte-à-goutte ou l'arrosage au pied des plantes réduit le risque de propagation des pathogènes, gardant les feuilles sèches et minimisant le stress hydrique.

Au-delà des pratiques culturales, la prévention des maladies dans le jardin est aussi une question d'observation et d'intervention rapide. Le jardinier attentif, qui parcourt son jardin quotidiennement, est capable de détecter les premiers signes de maladie, intervenant avant que le problème ne se propage. Cette vigilance est complétée par des interventions douces, privilégiant les solutions naturelles et biologiques, respectueuses de l'environnement et des cycles de la vie.

La prévention des maladies est, en fin de compte, une expression de respect profond pour la nature et ses lois. C'est reconnaître que la santé du jardin est le reflet de l'équilibre entre toutes ses composantes, un écosystème où les plantes, le sol, l'eau, et les êtres vivants interagissent dans une danse complexe de soutien mutuel. Dans cette perspective, prévenir les maladies n'est pas seulement une question de techniques et de stratégies, mais une philosophie de vie, un engagement envers un jardinage qui nourrit la terre autant qu'il nous nourrit, célébrant la vie dans toute sa diversité et sa résilience.

10.3 Répulsifs naturels

Dans le sanctuaire du jardin, où chaque feuille et chaque racine vibrent d'une symphonie de vie, l'utilisation de répulsifs naturels pour éloigner les nuisibles sans recourir à la chimie se révèle être une pratique empreinte de sagesse et de respect pour l'équilibre délicat de la nature. Cette approche, ancrée dans une compréhension profonde des cycles écologiques et des interactions entre les espèces, reflète un engagement envers un jardinage qui nourrit non seulement nos jardins mais aussi l'environnement dans son ensemble.

Les répulsifs naturels, élaborés à partir d'ingrédients que l'on trouve dans la nature ou dans nos cuisines, offrent une alternative douce mais efficace aux produits chimiques agressifs. Ces préparations, loin d'être de simples remèdes de fortune, sont le fruit d'une alchimie délicate, un savoir transmis à travers les âges, enrichi par les découvertes contemporaines et l'innovation. Elles incarnent une symbiose entre la tradition et la science, où chaque plante, chaque huile essentielle, chaque minéral joue un rôle spécifique dans la protection du jardin.

L'ail, avec son arôme pénétrant, devient une barrière odorante repoussant les insectes tandis que le piment, dans sa force brûlante, sert de bouclier contre les ravageurs plus audacieux. La lavande, avec ses fleurs délicates, diffuse une fragrance qui charme les sens humains tout en éloignant les moustiques et autres insectes volants. Ces répulsifs, préparés sous forme de sprays, de décoctions ou simplement dispersés autour des plantes, agissent comme des gardiens, protégeant le jardin sans nuire à sa vitalité ni à sa diversité.

Les répulsifs naturels ne se limitent pas à la lutte contre les insectes ; ils englobent également des stratégies pour décourager les visiteurs indésirables plus grands, tels que les rongeurs ou même les cerfs. Des plantes spécifiques, comme le sureau ou les herbes aromatiques à forte odeur, plantées en périphérie du jardin, servent de remparts vivants, dissuadant les intrus sans recourir à la violence ou à la cruauté. Cette méthode, fondée sur la prévention plutôt que sur la confrontation, reflète une philosophie de coexistence pacifique avec la nature.

Au-delà de leur fonction protectrice, les répulsifs naturels enrichissent le jardin d'une manière inattendue. Ils stimulent la biodiversité, attirant les pollinisateurs avec leurs fleurs et leurs parfums tout en repoussant les nuisibles. Ils encouragent le jardinier à s'engager dans une observation attentive et continue du jardin, à devenir un élément actif dans l'écosystème, apprenant à lire les signes de la nature, à comprendre ses rythmes et à intervenir avec douceur et respect.

Utiliser des répulsifs naturels est donc bien plus qu'une simple tactique de jardinage ; c'est une expression d'une éthique, un choix conscient pour un mode de vie qui honore la terre et tous ses habitants. C'est reconnaître que chaque action a des répercussions au-delà de nos jardins, dans les cours d'eau, dans les sols, et dans l'air que nous partageons tous. C'est un engagement envers un futur où les jardins sont des refuges non seulement pour les plantes et les animaux mais aussi pour les générations futures.

Dans le jardin où les répulsifs naturels murmurent des histoires d'harmonie et de respect mutuel, nous trouvons une vision du monde où l'humain et la nature dansent ensemble dans un équilibre fragile mais magnifique. Ce jardin, protégé par des remèdes doux forgés à partir de la sagesse de la terre, devient un modèle de durabilité et de compassion, un lieu où la vie, sous toutes ses formes, est célébrée et chérie.

Partie 11: Avancées et Innovations en Jardinage

11.1 Technologies au jardin

Dans l'écrin verdoyant du jardin, où chaque brin d'herbe et chaque fleur sont le témoignage d'un cycle de vie millénaire, l'intégration des technologies modernes ouvre une nouvelle page dans l'histoire du jardinage. Cette fusion entre la tradition et l'innovation n'est pas une rupture, mais une continuité, un moyen d'enrichir notre dialogue avec la nature à travers des outils qui étendent notre capacité à observer, à comprendre et à interagir avec le vivant. Les technologies au jardin deviennent ainsi des ponts entre le savoir ancestral et les possibilités du futur, permettant une symbiose inédite entre l'homme, la nature et la machine.

Les outils modernes au jardin prennent diverses formes, allant des applications mobiles qui nous rappellent le meilleur moment pour semer ou arroser, aux systèmes d'irrigation gérés par ordinateur qui optimisent l'utilisation de l'eau en fonction des besoins spécifiques de chaque plante. Ces technologies, loin de nous éloigner de la nature, nous rapprochent d'elle, nous permettant de prendre des décisions éclairées basées sur des données précises, réduisant le gaspillage et maximisant l'efficacité.

Les capteurs de sol, petits gardiens enterrés parmi les racines, mesurent l'humidité, la température et la composition du sol, envoyant des informations en temps réel à notre smartphone ou ordinateur. Cette communication constante avec le cœur du jardin nous offre une fenêtre sur le monde souterrain, nous permettant d'ajuster nos soins aux besoins immédiats des plantes, créant ainsi un environnement où la croissance est soutenue par une attention personnalisée.

La robotique, autre protagoniste de cette révolution verte, entre en scène sous la forme de tondeuses autonomes et de robots désherbeurs, qui s'affairent silencieusement entre les rangées de légumes et les massifs de fleurs. Ces assistants infatigables, guidés par des algorithmes précis, accomplissent les tâches répétitives avec une précision et une constance que même le jardinier le plus dévoué pourrait envier. Libérés de ces corvées, nous pouvons consacrer plus de temps à la création, à l'expérimentation et à la contemplation, renforçant ainsi notre lien émotionnel et spirituel avec le jardin.

L'imagerie par drone offre une perspective aérienne, révélant des motifs et des problèmes invisibles depuis le sol. Cette vue d'ensemble permet une gestion holistique du jardin, où chaque intervention peut être planifiée et évaluée dans le contexte plus large de l'écosystème du jardin. Les drones, équipés de caméras spécialisées, peuvent également surveiller la santé des plantes, détectant les signes précoces de stress ou de maladie bien avant qu'ils ne soient visibles à l'œil nu.

Mais au-delà de ces avancées technologiques, ce qui se révèle le plus transformateur est peut-être la manière dont elles changent notre perception du jardinage. Les technologies nous invitent à envisager le jardin non seulement comme un espace de production ou de beauté, mais comme un système complexe, un organisme vivant avec lequel nous sommes en communication constante. Elles nous rappellent que chaque action, chaque intervention, est un maillon dans la chaîne de la vie, ayant des répercussions bien au-delà de notre petit coin de verdure.

Dans ce récit des technologies au jardin, nous découvrons que l'outil le plus précieux est notre capacité à intégrer ces nouvelles ressources dans une approche de jardinage qui reste profondément ancrée dans le respect pour la nature et l'engagement envers la durabilité. Les technologies, lorsqu'elles sont utilisées avec sagesse et modération, ne sont pas des fins en soi, mais des moyens pour atteindre un équilibre plus harmonieux entre l'homme et la terre. Elles ouvrent des voies vers un avenir où le jardinage est non seulement une source de nourriture et de beauté, mais aussi un acte de co-création avec la nature, un dialogue perpétuel entre les générations, les espèces, et les mondes.

11.2 Jardinage et changement climatique

Au sein d'un monde en constante évolution, où les saisons semblent perdre leur rythme et où les extrêmes météorologiques deviennent la norme plutôt que l'exception, le jardinage se dresse comme un acte de résilience et d'adaptation. Face au changement climatique, les jardiniers sont appelés à revisiter leurs pratiques, à s'aligner sur les nouveaux paradigmes de la nature, forgeant ainsi un lien encore plus profond avec la terre qui les nourrit. Cette histoire n'est pas celle d'une lutte contre les éléments, mais d'une harmonisation avec eux, d'un apprentissage constant pour naviguer dans les eaux incertaines du futur.

Adapter ses pratiques de jardinage au changement climatique commence par une observation attentive et respectueuse des signaux que la nature nous envoie. Les périodes de floraison qui se décalent, les précipitations devenant plus erratiques, et l'intensification des périodes de sécheresse ou de canicule sont autant de phénomènes qui exigent de nous une capacité d'adaptation et d'innovation. Cela signifie choisir des variétés de plantes plus résistantes à la sécheresse, capables de prospérer dans des conditions de chaleur accrue, ou des espèces qui peuvent supporter des températures plus froides, anticipant ainsi les fluctuations imprévisibles du climat.

L'adaptation passe également par la transformation de nos méthodes culturales pour accroître la résilience de nos jardins. La création de systèmes de récupération d'eau de pluie, l'installation de zones d'ombre pour protéger les plantes les plus vulnérables, et l'intégration de sols riches en matière organique pour améliorer la rétention d'eau sont des stratégies clés. Ces actions, en plus de préparer le jardin aux défis immédiats, contribuent à une vision plus durable de la gestion des ressources, réduisant notre empreinte écologique et renforçant l'équilibre de nos écosystèmes.

Le jardinage en réponse au changement climatique est aussi une question de diversité. Enrichir nos jardins avec une large gamme de plantes indigènes et adaptées au climat local favorise non seulement la biodiversité, mais crée également des habitats pour les pollinisateurs et autres espèces animales, contribuant à la santé globale de l'environnement. Ces jardins diversifiés sont des bastions de résistance contre les maladies et les ravageurs, réduisant la nécessité d'interventions chimiques et soutenant un équilibre naturel plus robuste.

Au-delà des frontières de nos propres jardins, adapter ses pratiques de jardinage au changement climatique implique de s'engager dans un dialogue plus large avec la communauté. Partager les connaissances, les réussites et les échecs devient un acte de solidarité, tissant un réseau de soutien qui s'étend bien au-delà des jardins individuels. Les initiatives communautaires, telles que les jardins partagés ou les programmes d'éducation environnementale, amplifient l'impact de nos actions, diffusant les principes d'un jardinage résilient et conscient à travers la société.

Cette histoire du jardinage dans l'ère du changement climatique est donc une narration d'espoir, de créativité et d'engagement. C'est une invitation à voir au-delà des défis immédiats, à reconnaître notre pouvoir en tant que jardiniers de faire une différence, non seulement dans nos propres espaces verts, mais dans le monde entier. En adaptant nos pratiques, en écoutant la terre et en agissant avec soin et respect, nous cultivons bien plus que des plantes : nous cultivons un avenir où l'harmonie avec la nature n'est pas seulement un idéal, mais une réalité vivante. Dans chaque geste de soin envers nos jardins, nous posons les fondations d'une terre plus résiliente, prête à embrasser les changements à venir avec force et grâce.

11.3 Nouvelles espèces et hybrides

Dans l'atelier vivant du jardin, où la curiosité et l'innovation s'entremêlent sous le ciel ouvert, l'expérimentation végétale avec de nouvelles espèces et hybrides se présente comme une frontière passionnante, un domaine où la science et l'art fusionnent pour créer de nouvelles formes de vie. Cette quête de diversité et de beauté est guidée par un désir profond de comprendre les potentialités cachées de la nature, de pousser les limites de ce qui est possible et d'enrichir notre monde avec des variétés jamais vues auparavant.

La création de nouvelles espèces et hybrides est une danse délicate entre la génétique et l'environnement, un processus qui nécessite patience, persévérance et un brin d'audace. Chaque plante, avec son propre ensemble unique de caractéristiques et de besoins, devient un puzzle à assembler, une énigme à résoudre. Les jardiniers, armés de leur connaissance des principes de l'horticulture et d'une passion pour l'expérimentation, s'engagent dans ce processus avec une vision claire : celle de créer des plantes qui non seulement survivent, mais prospèrent, apportant de nouvelles textures, couleurs et parfums à notre palette végétale.

Les nouvelles espèces et hybrides émergent souvent de la rencontre entre le désir humain de beauté et les défis posés par notre environnement changeant. Les variétés résistantes à la sécheresse, capables de prospérer dans des conditions arides, ou les plantes tolérantes au froid, qui s'épanouissent malgré le gel, sont le résultat de cette quête d'adaptabilité et de résilience. Ces innovations végétales ne sont pas seulement des triomphes esthétiques ; elles sont des victoires écologiques, des témoignages de notre capacité à imaginer et à créer un futur où les jardins sont à la fois refuges de diversité et bastions de durabilité.

L'expérimentation végétale avec de nouvelles espèces et hybrides est également une exploration des limites de la biodiversité. En introduisant de nouvelles variétés dans nos jardins, nous élargissons le génome végétal, offrant de nouvelles opportunités pour la pollinisation, la propagation et l'évolution. Ces jardins expérimentaux deviennent des laboratoires à ciel ouvert, où les interactions entre les espèces peuvent être observées de près, fournissant des insights précieux sur la manière dont les plantes s'adaptent et interagissent avec leur environnement.

Cependant, cette quête de nouveauté s'accompagne d'une responsabilité : celle de veiller à ce que nos expérimentations ne perturbent pas les équilibres délicats des écosystèmes locaux. Chaque nouvelle espèce ou hybride introduit est une décision pesée avec soin, évaluée non seulement pour son potentiel esthétique ou utilitaire, mais aussi pour son impact sur la biodiversité environnante. C'est un équilibre entre l'innovation et la conservation, un rappel constant que notre créativité doit s'aligner sur les principes de respect et de coexistence avec la nature.

L'histoire de l'expérimentation végétale avec de nouvelles espèces et hybrides est donc une célébration de la vie dans toute sa splendeur. C'est une invitation à regarder au-delà de l'horizon connu, à imaginer des jardins où les couleurs, les formes et les parfums racontent des histoires de découverte et d'innovation. Dans ces jardins, chaque plante est un poème, chaque hybride une chanson, et ensemble, ils composent une symphonie de la diversité végétale, jouant une mélodie d'espoir et d'inspiration pour les générations futures. Dans cet esprit d'exploration et de respect, nous tissons le futur de nos jardins, un futur où la beauté et l'écologie marchent main dans la main, dans un pas de danse éternel avec la nature.

Partie 12: L'Art du Jardinage Intérieur

12.1 Plantes d'intérieur pour la santé mentale

Dans le sanctuaire de nos foyers, où chaque objet et chaque espace racontent une histoire, les plantes d'intérieur prennent une place privilégiée, devenant non seulement des compagnons de vie mais aussi des gardiens de notre santé mentale. Le choix et les soins apportés à ces êtres vivants reflètent une compréhension profonde de leur capacité à purifier l'air, à embellir nos espaces, et surtout, à enrichir notre bien-être émotionnel et psychologique. Cette histoire explore comment les plantes d'intérieur peuvent devenir des alliées précieuses dans notre quête de sérénité et d'équilibre dans un monde souvent tumultueux.

Les plantes d'intérieur pour la santé mentale ne sont pas choisies au hasard. Elles sont sélectionnées pour leurs qualités esthétiques, bien sûr, mais aussi pour leur capacité à créer une atmosphère de calme et de réconfort. Des espèces comme le Spathiphyllum, avec ses fleurs blanches évoquant la paix, ou le Sansevieria, connu pour sa robustesse et sa capacité à purifier l'air, sont des choix privilégiés. Ces plantes, par leur simple présence, apportent une touche de nature dans nos intérieurs, nous rappelant le monde extérieur et réduisant le sentiment de confinement qui peut peser sur notre esprit.

Le soin apporté à ces plantes est en lui-même une pratique de pleine conscience. Arroser, tailler, ou simplement observer la croissance d'une nouvelle feuille devient un moment de connexion avec le vivant, une pause dans le flot incessant de nos pensées et préoccupations. Cette interaction quotidienne avec les plantes nous enseigne la patience, la délicatesse, et l'acceptation du rythme naturel des choses, des leçons précieuses dans notre gestion du stress et de l'anxiété.

Les plantes d'intérieur jouent également un rôle crucial dans la création d'espaces de tranquillité, des coins de méditation où l'on peut se retirer pour respirer, se recentrer, ou simplement être. Entouré de verdure, l'espace se transforme, les frontières entre l'intérieur et l'extérieur s'estompent, et l'on se trouve immergé dans un microcosme de calme. Le choix des plantes pour ces espaces est guidé par leur capacité à inspirer la sérénité - des fougères aux feuilles dansantes, aux cactus qui, dans leur silence, portent en eux une force tranquille.

Mais au-delà de leur impact visuel et émotionnel, les plantes d'intérieur pour la santé mentale sont des vecteurs de bien-être physique. En purifiant l'air, en augmentant l'humidité, et en réduisant les niveaux de certains polluants, elles contribuent à un environnement intérieur plus sain, ce qui, à son tour, soutient notre santé mentale. La qualité de l'air que nous respirons est intrinsèquement liée à notre état d'esprit, et en prenant soin de nos plantes, nous prenons soin de nous-mêmes.

Cette histoire des plantes d'intérieur pour la santé mentale est donc une invitation à reconnaître et à célébrer le rôle profond que la nature peut jouer dans notre bien-être. En choisissant consciemment ces êtres vivants pour partager notre espace, en leur apportant les soins qu'ils méritent, nous tissons un lien essentiel avec le monde naturel, un lien qui nourrit notre âme et apaise notre esprit. C'est une histoire de guérison et d'harmonie, un rappel que, même dans les confins de notre foyer, nous pouvons trouver un sanctuaire de verdure, un espace où grandir, respirer et être, en parfaite symbiose avec nos compagnons végétaux.

12.2 Petits jardins d'intérieur

Dans le cocon de nos foyers, où chaque recoin est imprégné de notre essence, la création de petits jardins d'intérieur se révèle comme une quête vers la création d'un oasis personnel, un havre de paix et de verdure au cœur de notre quotidien. Cette histoire explore le voyage intime de transformer des espaces habités en sanctuaires de vie, où la nature est invitée à prendre racine et à prospérer, apportant avec elle un souffle de sérénité et un lien tangible avec le monde extérieur.

Créer un petit jardin d'intérieur commence par l'envie de rompre avec l'uniformité des espaces stériles, de réintroduire la complexité et la beauté imprévisible de la nature dans nos vies. Cette aspiration, simple mais profonde, nous guide vers la sélection minutieuse de plantes adaptées à la vie en intérieur, des espèces qui trouvent dans nos foyers un climat propice à leur épanouissement. Des succulentes, robustes et indulgentes, aux herbes aromatiques, utiles et parfumées, chaque plante est choisie non seulement pour sa capacité à embellir notre espace, mais aussi pour enrichir notre quotidien de sa présence.

L'aménagement de ces petits jardins d'intérieur est un acte de créativité, où l'espace est envisagé non comme une contrainte, mais comme une toile blanche. Des étagères flottantes transformées en cascades de verdure, des terrariums qui capturent des microcosmes enchanteurs, ou des pots suspendus qui apportent la douceur du feuillage à hauteur des yeux - chaque élément est pensé pour maximiser l'impact visuel et émotionnel des plantes. Ce processus de création est à la fois réfléchi et intuitif, un dialogue continu entre nos désirs et les besoins des plantes, entre la lumière, l'espace, et l'eau.

Mais au-delà de l'esthétique, les petits jardins d'intérieur sont des oasis de bien-être, des lieux où le simple fait de prendre soin des plantes devient une pratique méditative, un moment de connexion avec le vivant qui nous entoure. L'arrosage, la taille, ou même la contemplation silencieuse de la croissance d'une nouvelle feuille, sont autant d'occasions de s'ancrer dans le présent, de trouver un calme intérieur au milieu du flux incessant de la vie moderne.

Ces jardins sont également des espaces d'apprentissage et de découverte, où les cycles de la vie se déroulent sous nos yeux, nous rappelant la résilience, la transformation, et la beauté inhérente au naturel. Ils deviennent des laboratoires domestiques où expérimenter avec la germination, la pollinisation, et même la création de petits écosystèmes, renforçant notre compréhension et notre appréciation de la complexité de la nature.

Enfin, les petits jardins d'intérieur sont une célébration de la vie dans toutes ses formes. Ils apportent une vitalité, une couleur, et une texture à nos foyers, transformant chaque espace en un lieu de vie et de croissance. Ce sont des invitations permanentes à la réflexion, à la gratitude, et à la joie, des rappels quotidiens de la beauté et de la fragilité de l'existence.

Créer un petit jardin d'intérieur est donc bien plus qu'un acte de décoration ; c'est un engagement envers la création d'un espace qui nourrit l'âme, purifie l'esprit, et renforce notre lien avec le monde naturel. Dans ces oasis domestiques, nous trouvons un refuge contre le tumulte extérieur, un lieu où la nature et l'humain se rencontrent dans une harmonie profonde, tissant ensemble les fils d'un sanctuaire personnel où l'esprit peut s'épanouir.

12.3 Hydroponie et aquaponie

Dans l'odyssée moderne du jardinage, où la quête d'harmonie avec la nature nous pousse à explorer et à innover, l'hydroponie et l'aquaponie se révèlent comme des avatars de notre désir de fusionner tradition et technologie, de cultiver la vie dans des espaces où la terre est absente. Ces techniques sans terre, symboles d'une agriculture futuriste, nous invitent à repenser nos liens avec l'eau, l'élément vital, et à concevoir des systèmes de vie clos où les plantes et, dans le cas de l'aquaponie, les poissons, prospèrent ensemble dans un ballet écologique d'interdépendance et de soutien mutuel.

L'hydroponie, cette technique de culture où les racines des plantes baignent directement dans une solution nutritive, sans l'intermédiaire du sol, est une révélation. Elle démontre que l'eau, lorsqu'elle est enrichie des minéraux et nutriments essentiels, peut devenir le berceau de la vie végétale, offrant aux plantes tout ce dont elles ont besoin pour croître et s'épanouir. Cette méthode, par sa précision et son efficacité, minimise l'utilisation de l'eau et des ressources, tout en maximisant la production dans des espaces réduits. Les jardiniers qui adoptent l'hydroponie entrent dans un monde où la pénurie de terre n'est plus un obstacle à la verdure, où chaque balcon, chaque intérieur peut se transformer en un jardin luxuriant.

L'aquaponie, quant à elle, est une symphonie plus complexe, un système où les plantes et les poissons coexistent dans une relation de symbiose parfaite. L'eau, enrichie par les déchets des poissons, devient une source de nutriments pour les plantes, qui, en retour, filtrent et purifient l'eau, créant un environnement sain pour les poissons. Cette danse délicate entre les espèces, cette gestion cyclique des ressources, est une métaphore vivante de l'écosystème terrestre, un modèle réduit de notre planète où chaque être, chaque élément, contribue à l'équilibre et à la santé du tout.

Adopter l'hydroponie et l'aquaponie, c'est embrasser une vision du jardinage comme acte éco-responsable, une pratique qui non seulement produit de la nourriture et de la beauté, mais qui le fait en réduisant notre empreinte écologique. C'est reconnaître que dans le cycle de l'eau se trouve la clé d'une agriculture durable, qui respecte les principes de conservation et de régénération. Les jardiniers qui se lancent dans ces aventures sans terre ne sont pas seulement des cultivateurs de plantes ; ils sont des architectes de systèmes vivants, des tisseurs de liens entre l'eau, la vie végétale, et, dans le cas de l'aquaponie, la vie aquatique.

Mais au-delà de leurs bénéfices écologiques et productifs, l'hydroponie et l'aquaponie sont des invitations à l'émerveillement, à la redécouverte du miracle de la croissance et de la vie. Observer une plante s'élever, tirant sa vie d'une eau savamment dosée, ou voir des poissons glisser entre les racines dans un écosystème clos, c'est être témoin de la magie du vivant, c'est participer à un acte de création qui lie l'humain au cycle infini de la nature.

Cette histoire de l'hydroponie et de l'aquaponie est donc une célébration de l'innovation et de la symbiose, un rappel que notre futur en tant qu'espèce dépend de notre capacité à imaginer et à mettre en œuvre des solutions qui respectent et renforcent les liens qui nous unissent à la terre, à l'eau, et à tous les êtres vivants. Dans ces jardins sans terre, nous trouvons une vision de ce que pourrait être un monde où la croissance ne se fait pas au détriment de la planète, mais en harmonie avec elle, où chaque goutte d'eau est un monde de

possibilités, un espace de vie à cultiver avec soin et
admiration.

Partie 13: Reconnecter avec la Terre

Au creuset du jardin, là où le sol rencontre la semence et où le passé se mêle au présent, les pratiques ancestrales de jardinage ressurgissent comme des échos d'une sagesse longtemps oubliée. Ces leçons du passé, héritées de générations de jardiniers qui ont cultivé la terre bien avant l'avènement de la technologie moderne, nous invitent à redécouvrir les rythmes naturels et les méthodes durables qui ont nourri l'humanité à travers les âges. Cette histoire est une exploration de la façon dont ces pratiques anciennes, empreintes de respect pour la nature et de compréhension des cycles écologiques, peuvent enrichir et guider notre approche du jardinage aujourd'hui.

Les pratiques ancestrales de jardinage s'enracinent dans une philosophie où l'homme et la nature sont en symbiose, une relation réciproque de soin et de soutien. La rotation des cultures, une technique millénaire, témoigne de cette compréhension intime des besoins du sol, de la manière dont les différentes plantes peuvent s'enrichir mutuellement, laissant le terrain plus fertile pour les générations futures. Cette sagesse, qui préconise le repos et la régénération du sol à travers des périodes de jachère ou l'introduction de légumineuses fixatrices d'azote, nous rappelle que la fertilité est un cycle, pas une ressource inépuisable.

13.1 Pratiques ancestrales

La permaculture, bien que considérée comme un concept moderne, trouve ses racines dans les pratiques ancestrales de jardinage, où l'observation et l'imitation des écosystèmes naturels guident la création de systèmes de culture auto-suffisants. Les anciens jardins étaient conçus comme des écosystèmes complets, avec une diversité d'espèces cohabitant dans un équilibre dynamique, chaque plante et chaque animal jouant son rôle dans la santé globale du jardin. Cette approche holistique, qui voit le jardin comme une partie intégrante d'un plus grand réseau de vie, est un puissant rappel de notre interdépendance avec le monde naturel.

L'utilisation de compost et de matières organiques pour enrichir le sol est une autre leçon précieuse du passé. Avant l'avènement des engrais chimiques, les jardiniers savaient que la meilleure nourriture pour les plantes venait de la décomposition des matières végétales et animales, un processus naturel qui recycle les nutriments et soutient un sol vivant et riche. Cette pratique, fondée sur le principe du retour à la terre de ce qui en provient, est une métaphore de la vie elle-même, un cycle continu de mort et de renaissance qui nourrit la nouvelle croissance.

Les pratiques ancestrales nous enseignent également l'importance de l'eau, non comme une ressource à exploiter sans réflexion, mais comme un bien précieux à utiliser avec sagesse et gratitude. Les systèmes d'irrigation traditionnels, tels que les qanats persans ou les acequias espagnoles, conçus pour distribuer l'eau de manière équitable et efficace, incarnent une approche respectueuse et durable de la gestion de l'eau, adaptée aux besoins de la communauté et du paysage.

Cette histoire des pratiques ancestrales de jardinage est un voyage à travers le temps, un rappel que, bien avant nous, des générations ont travaillé la terre avec soin et respect, guidées par une connaissance profonde des lois de la nature. En revisitant ces méthodes anciennes, nous ne faisons pas seulement acte de nostalgie ; nous réaffirmons un engagement envers des principes de durabilité et d'équilibre écologique qui sont plus pertinents aujourd'hui que jamais. Ces leçons du passé, loin d'être obsolètes, sont des clés pour notre futur, des invitations à cultiver nos jardins et nos vies avec conscience, respect, et un profond sentiment de connexion avec la terre qui nous nourrit.

13.2 Le jardinage comme lien social

Dans le tissu complexe de nos sociétés, où l'isolement et la fragmentation semblent souvent prévaloir, le jardinage émerge comme une puissante métaphore du lien social, un vecteur de connexion et de renforcement des communautés. Cette histoire explore comment, à travers l'acte de cultiver la terre ensemble, nous pouvons tisser des liens profonds, non seulement avec la nature mais aussi les uns avec les autres, créant ainsi des espaces de partage, d'apprentissage et de soutien mutuel.

Le jardinage comme lien social prend racine dans la reconnaissance que chaque parcelle de terre, chaque plante cultivée, est un fil dans le tissage d'une communauté plus vaste. Les jardins communautaires, éparpillés à travers villes et villages, deviennent des lieux de rencontre, des espaces où les barrières sociales s'estompent devant le partage des tâches et des récoltes. Dans ces oasis verdoyantes, les personnes de tous âges, origines et milieux se retrouvent autour d'un objectif commun : faire pousser des aliments, des fleurs, et, par extension, faire pousser une communauté.

La magie du jardinage communautaire réside dans sa capacité à enseigner la coopération et la patience, à encourager l'échange de savoirs et d'expériences. Des novices apprenant les cycles de la nature aux mains vertes partageant des techniques ancestrales de culture, chaque interaction enrichit le tissu social, créant des liens d'entraide et de compréhension mutuelle. Ces jardins deviennent des écoles à ciel ouvert, où les leçons portent sur bien plus que la botanique : elles inculquent les valeurs de responsabilité, de durabilité et de soin pour le vivant.

Mais le jardinage comme lien social va au-delà de la simple coexistence harmonieuse. Il offre un espace pour le rétablissement et la guérison, où les individus peuvent trouver refuge des pressions du quotidien, se reconnecter avec eux-mêmes à travers le rythme apaisant du jardinage. Les jardins thérapeutiques, conçus spécifiquement pour soutenir le bien-être mental et émotionnel, témoignent de cette dimension curative, offrant un sol fertile pour la croissance personnelle au sein de la solidarité communautaire.

Dans cette histoire de jardinage et de lien social, les événements et les ateliers organisés autour des jardins jouent un rôle crucial. Les fêtes de la récolte, les marchés de troc de plantes, les séances de jardinage collectif sont autant d'occasions de célébrer ensemble, de reconnaître les efforts et les réussites de chacun. Ces moments de convivialité renforcent le sentiment d'appartenance à une communauté, rappelant que, dans le partage des fruits de la terre, nous partageons également des morceaux de nos vies.

Le jardinage comme lien social est aussi une invitation à repenser notre relation avec l'environnement. En travaillant ensemble pour cultiver des jardins durables, nous prenons conscience de notre impact sur la planète et de l'importance de la préserver pour les générations futures. Cette prise de conscience collective, ancrée dans l'action locale, est le fondement d'un engagement environnemental plus large, un pas vers la construction de sociétés plus résilientes et respectueuses de la terre.

Cette histoire du jardinage comme lien social est donc une célébration de la communauté, de la diversité et de l'engagement partagé envers un avenir commun. Elle nous montre que, dans chaque graine plantée ensemble, dans chaque parcelle de terre cultivée en communauté, réside la promesse d'un monde plus connecté, plus vert, plus humain. C'est une histoire d'espoir et d'action, un rappel que, dans les jardins partagés, nous cultivons bien plus que des plantes : nous cultivons la possibilité d'un monde meilleur, un monde où chaque individu, nourri par la terre et par la communauté, peut s'épanouir.

13.3 Volontariat et éducation

Au cœur d'une société en quête de sens et de connexions authentiques, le volontariat et l'éducation dans le domaine du jardinage se dressent comme des piliers de lumière, guidant vers une implication plus profonde au-delà des limites de nos propres jardins. Cette histoire explore le voyage enrichissant de ceux qui choisissent de partager leur passion pour le jardinage, non seulement en cultivant la terre, mais aussi en cultivant les esprits, en tissant des liens communautaires et en semant les graines d'un avenir plus vert et plus conscient.

S'impliquer dans le volontariat et l'éducation jardinage, c'est reconnaître que notre relation avec la nature ne se limite pas à l'acte individuel de jardinage, mais s'étend à une responsabilité collective envers notre planète et nos communautés. Les volontaires, armés de truelles et de connaissances, deviennent des ambassadeurs de la terre, partageant généreusement leur temps, leur expertise et leur enthousiasme dans des projets qui vont des jardins communautaires aux programmes éducatifs dans les écoles, des ateliers de sensibilisation à la conservation aux initiatives de reboisement.

Le volontariat dans les jardins communautaires est un acte de solidarité, un moyen de briser l'isolement et de construire des ponts entre les générations et les cultures. Dans ces espaces partagés, les volontaires ne cultivent pas seulement des légumes et des fleurs, mais aussi des relations, offrant un soutien et une écoute, partageant des histoires et des rires. Chaque coup de pioche et chaque graine plantée ensemble deviennent des symboles d'une communauté enracinée dans le respect mutuel et l'entraide.

L'éducation, quant à elle, est une mission de transmission, où les jardiniers expérimentés deviennent des mentors pour les nouvelles générations. Les programmes scolaires de jardinage, les ateliers pour adultes et les séminaires en ligne ouvrent des fenêtres sur le monde du jardinage, enseignant tout, des bases de la culture biologique aux subtilités de la permaculture. Ces initiatives éducatives ne se contentent pas d'enseigner les techniques de jardinage ; elles insufflent une compréhension plus profonde de l'écologie, de la biodiversité et de l'importance de la durabilité, équipant les individus des outils nécessaires pour devenir des acteurs de changement dans leurs propres communautés.

Le volontariat et l'éducation en jardinage sont également des vecteurs d'empowerment, permettant aux individus de tous âges de prendre en main leur sécurité alimentaire, de redécouvrir le plaisir de cultiver et de consommer leurs propres aliments, et de renforcer leur autonomie. En partageant les connaissances sur la manière de cultiver des aliments sains et locaux, les volontaires contribuent à la résilience alimentaire de leur communauté, transformant chaque jardin et chaque balcon en une petite oasis de diversité et d'abondance.

Cette histoire de volontariat et d'éducation dans le jardinage est donc une célébration de l'engagement communautaire, un témoignage de la manière dont le jardinage peut devenir un vecteur de transformation sociale. En choisissant de s'impliquer au-delà de nos propres jardins, nous embrassons une vision du jardinage comme un acte profondément social et éducatif, un moyen de cultiver non seulement la terre, mais aussi l'esprit et le cœur des communautés. Dans cet acte de partage et d'enseignement, nous découvrons que les véritables récoltes sont les liens que nous créons, les connaissances que nous partageons et l'avenir plus vert que nous bâtissons ensemble.

Partie 14: Planifier et Maintenir son Jardin Thérapeutique

14.1 Calendrier du jardinier

Dans le cycle perpétuel de la nature, où chaque saison dévoile ses propres mystères et merveilles, le calendrier du jardinier devient une boussole guidant à travers le temps, orchestrant les activités saisonnières qui rythment la vie du jardin. Cette histoire, tissée avec soin et attention, révèle comment, en harmonie avec les cycles naturels, le jardinier peut cultiver non seulement des plantes, mais aussi une profonde connexion avec le rythme de la terre.

✓ Printemps : Le Réveil

Le printemps marque le début d'un cycle de renaissance, où la terre s'éveille de son sommeil hivernal. Les jardiniers, armés de leur passion et de leur patience, commencent par préparer le sol, le réveillant doucement avec des apports de compost et d'engrais organiques pour nourrir les futures plantations. C'est le moment de semer les graines dans les serres ou sous les châssis froids, d'anticiper les floraisons et les récoltes à venir. Les premières plantations de légumes à croissance rapide, tels que les radis et les salades, sont mises en terre, promettant une récolte précoce. Le printemps est aussi la saison des tailles, des greffes, et des transplantations, chaque geste étant un acte de foi en l'avenir.

✓ Été : L'Abondance

L'été déploie ses jours longs et chauds, et le jardin entre dans une période d'abondance effrénée. Les activités du jardinier s'intensifient : arrosage régulier, paillage pour conserver l'humidité et la fraîcheur du sol, lutte contre les maladies et les nuisibles qui profitent de la chaleur. C'est le temps des récoltes généreuses, où les fruits et légumes mûrissent sous un soleil bienveillant. Les soirées d'été sont consacrées à la conservation des surplus, à travers le séchage, la mise en conserve, ou le partage avec voisins et amis. L'été est également un moment pour profiter de la beauté florale du jardin, un tableau vivant qui change de jour en jour.

✓ Automne : La Préparation

L'automne est une saison de transition, marquée par les récoltes finales et la préparation du jardin pour l'hiver. Les derniers légumes sont cueillis, les arbres fruitiers sont bichonnés après leur production généreuse. C'est le moment de planter les bulbes de printemps, de diviser les vivaces, et de récolter les graines pour l'année suivante. Le jardinier prend soin du sol, l'enrichissant de matière organique, et protège les plantes sensibles du froid à venir. L'automne est aussi un temps de réflexion, un moment pour planifier les changements et les améliorations du jardin pour le printemps suivant.

✓ Hiver : Le Repos

L'hiver invite le jardin et le jardinier à un repos bien mérité. C'est une période de calme relatif, où l'entretien se réduit mais ne s'arrête jamais complètement. Les outils sont nettoyés et rangés, les structures du jardin inspectées et réparées. C'est également un temps pour l'apprentissage et la planification, pour rêver au jardin de l'année suivante à travers les catalogues de graines et les plans de plantation. L'hiver est le gardien du temps de réflexion, essentiel pour se ressourcer et se préparer à accueillir un nouveau cycle de vie au printemps.

Le calendrier du jardinier, dans sa ronde infinie, est un rappel que le jardinage est bien plus qu'une série de tâches : c'est une danse avec la nature, un équilibre entre donner et recevoir. À travers les saisons, le jardinier tisse une histoire d'amour et de dévotion avec la terre, une histoire qui, année après année, continue de croître et de s'épanouir.

14.2 Entretien minimal pour un impact maximal

Dans le récit verdoyant du jardin, où chaque feuille et chaque fleur sont des strophes d'une poésie ancienne, l'art de maintenir un jardin avec un entretien minimal pour un impact maximal se révèle comme une philosophie de vie, un écho de la simplicité et de l'efficience que la nature elle-même nous enseigne. Cette histoire, tissée de conseils et d'astuces hérités de la sagesse des saisons et des cycles de la vie, nous guide vers une pratique du jardinage plus consciente, où le moins devient souvent le plus.

✓ Choix Stratégique des Plantes

Le fondement d'un jardin à entretien minimal réside dans le choix judicieux des plantes. Privilégier les espèces natives et les variétés résistantes aux maladies est un premier pas vers un jardin qui vit en harmonie avec son environnement, réduisant le besoin d'interventions humaines. Ces plantes, adaptées au climat et au sol locaux, prospèrent avec peu de soins, attirant pollinisateurs et auxiliaires du jardin, et résistant naturellement aux prédateurs et aux intempéries. Le jardinier, en choisissant ces compagnons végétaux, s'inscrit dans une logique de coopération avec la nature, plutôt que de domination.

✓ Mulching et Paillage

Le paillage est une technique ancestrale, simple mais révolutionnaire, pour minimiser l'entretien du jardin. En couvrant le sol avec une couche de matériaux organiques, tels que des feuilles mortes, de la paille ou du compost, le jardinier peut conserver l'humidité, supprimer les mauvaises herbes et enrichir le sol en nutriments. Ce geste, à la fois protecteur et nourricier, crée un microclimat favorable au développement des plantes et à l'activité biologique du sol, tout en réduisant considérablement le temps consacré à l'arrosage et au désherbage.

✓ Systèmes d'Irrigation Efficaces

L'optimisation de l'irrigation est cruciale dans un jardin à entretien minimal. Les systèmes d'irrigation goutte-à-goutte ou les ollas (pots en céramique poreuse enterrés) permettent une distribution de l'eau directement aux racines des plantes, là où elle est le plus nécessaire, minimisant le gaspillage et assurant une hydratation adéquate même en périodes de sécheresse. Ces méthodes, par leur précision et leur économie d'eau, soutiennent une culture vigoureuse avec un effort minimal.

✓ Aménagement Intelligent du Jardin

L'aménagement du jardin, pensé en termes de zones en fonction de l'attention requise par différentes plantes, est une autre astuce pour réduire l'entretien. En regroupant les plantes par besoins en eau, en lumière et en soins, le jardinier peut créer un espace organisé où chaque zone est optimisée pour un entretien efficace. Cette planification stratégique facilite non seulement le travail quotidien mais favorise également un écosystème de jardin équilibré, où les plantes s'entraident et coexistent dans une symphonie de croissance.

✓ Observation et Adaptation

Enfin, l'entretien minimal du jardin est un exercice d'observation et d'adaptation constantes. Le jardinier, attentif aux signes de la nature, apprend à anticiper les besoins de son jardin, ajustant ses interventions pour travailler avec les cycles naturels plutôt que contre eux. Cette approche, qui privilégie la réflexion à l'action précipitée, transforme le jardinage en une méditation active, où chaque décision est prise en conscience de son impact sur le jardin et sur l'environnement plus large.

L'histoire de l'entretien minimal pour un impact maximal est donc une invitation à repenser notre relation avec le jardin, à voir au-delà de la quantité d'efforts pour reconnaître la qualité de l'attention que nous portons à notre coin de nature. Dans cette philosophie de jardinage, chaque geste compte, chaque choix est un pas vers un jardin plus autonome, plus résilient, un jardin qui, avec peu, offre beaucoup - à la terre, à notre âme, et à la communauté des êtres vivants qui le partagent.

14.3 Observer et apprendre

Au cœur de la sagesse du jardinage, où chaque brise et chaque goutte de rosée porte en elle des leçons à découvrir, l'acte d'observer et d'apprendre de son environnement se révèle comme une pierre angulaire de l'harmonie entre le jardinier et son jardin. Cette histoire, tissée avec patience et curiosité, célèbre la pratique de l'écoute attentive de la terre, un dialogue silencieux mais profond avec la nature, où l'observation attentive mène à une compréhension plus intime des cycles et des rythmes qui régissent la vie.

Observer et apprendre de son environnement commence par une présence consciente dans le jardin, une ouverture à voir au-delà du visible, à entendre plus que ce qui est dit par le chant des oiseaux ou le frémissement des feuilles. Le jardinier devient un étudiant de la nature, notant les changements subtils de la lumière au fil des saisons, la manière dont l'ombre se déplace et influence la croissance, ou comment les précipitations affectent le sol et les plantes. Chaque élément, chaque moment passé dans le jardin, est une opportunité d'apprentissage, une invitation à s'immerger dans le livre vivant de la nature.

L'adaptation à son environnement est une danse délicate de réponses informées par ces observations. Reconnaître les signes de stress chez une plante, comprendre les besoins spécifiques en eau ou en nutriments, ou identifier les conditions propices à l'épanouissement de certaines espèces sont des compétences acquises à travers l'expérience et l'attention. Cette connaissance, ancrée dans la pratique et la patience, permet au jardinier de créer un espace où les plantes ne se contentent pas de survivre, mais prospèrent, reflétant la beauté et la résilience de la nature.

La pratique de l'observation et de l'apprentissage s'étend au-delà des aspects physiques du jardinage pour embrasser les interactions écologiques qui animent le jardin. Comprendre comment les plantes, les insectes, les oiseaux et les micro-organismes du sol interagissent dans un réseau de vie est essentiel pour promouvoir un jardin sain et dynamique. Le jardinier, dans son rôle d'observateur, apprend à valoriser ces relations, à encourager la biodiversité, à créer des habitats pour la faune, et à pratiquer une gestion intégrée des nuisibles qui respecte l'équilibre naturel.

Cette histoire souligne également l'importance de l'humilité et de la flexibilité dans le jardinage. Accepter que certains échecs soient des leçons plutôt que des pertes, être prêt à ajuster les pratiques en fonction des retours de la nature, et rester ouvert aux nouvelles idées et techniques sont des attitudes qui enrichissent l'expérience du jardinage. L'adaptabilité, inspirée par l'observation continue et l'apprentissage, est la marque d'un jardinier véritablement en harmonie avec son environnement.

Observer et apprendre de son jardin est donc un acte d'amour et de respect pour la nature, une célébration de la curiosité et de la découverte qui nourrit à la fois le jardin et l'âme du jardinier. Dans cette pratique, chaque jour passé dans le jardin est une occasion de grandir, de s'émerveiller et de se connecter plus profondément à la toile complexe de la vie. C'est une histoire de transformation personnelle et environnementale, où le simple acte d'observation devient une porte vers une compréhension plus profonde de la nature et de notre place au sein de cet univers vivant.

14.4 Journal de jardinage

Au sein du sanctuaire verdoyant du jardin, où chaque pousse et chaque fleur sont des vers dans l'épopée de la croissance, le journal de jardinage se révèle comme un compagnon silencieux, un gardien des souvenirs et des apprentissages. Cette histoire, tissée avec soin, dévoile la pratique intime de consigner les progrès et les réflexions, un rituel qui transcende la simple documentation pour devenir une méditation sur la vie, la nature et notre connexion profonde avec elles.

Tenir un journal de jardinage, c'est embrasser une tradition ancienne, où les jardiniers de toutes les époques ont consigné les cycles des saisons, les aléas climatiques, les succès et les échecs. Dans les pages de ce journal, les jours de plantation et de récolte, les observations météorologiques, les échanges de graines et les esquisses de plans de jardin s'entremêlent avec des récits de découvertes inattendues et des moments de grâce pure. Ce n'est pas seulement un outil pratique pour suivre les progrès du jardin ; c'est un espace de réflexion, où les pensées et les émotions trouvent leur écho dans le cycle de la vie qui se déroule sous nos yeux.

Le journal de jardinage devient un miroir de l'évolution du jardin et du jardinier. En notant les premières floraisons, les attaques de nuisibles, ou les réussites inattendues, le jardinier tisse une chronique personnelle qui reflète son engagement et sa croissance à travers les saisons. Ces notes, parfois techniques, parfois empreintes de poésie, capturent l'essence de chaque journée passée dans la terre, offrant des perspectives uniques sur les interactions complexes entre les plantes, les animaux et les humains.

Plus qu'un simple registre, le journal de jardinage est une source inestimable d'apprentissage. Il permet au jardinier de revisiter les années passées, d'analyser ce qui a fonctionné ou non, et de planifier les saisons futures avec une sagesse accrue. Les erreurs se transforment en leçons, les succès en fondations pour de nouvelles expérimentations. C'est un cycle continu d'amélioration et d'innovation, guidé par les récits consignés dans le journal.

Ce journal est également un sanctuaire pour la gratitude et l'émerveillement. Dans ses pages, le jardinier peut exprimer sa reconnaissance pour les petites victoires et les joies simples - une abeille butinant, la rosée scintillant sur une toile d'araignée, le goût sucré d'une tomate mûrie au soleil. Ces moments de connexion profonde avec le vivant enrichissent l'âme, rappelant que le jardinage est bien plus qu'une activité physique ; c'est une quête spirituelle, une communion avec la nature.

Enfin, le journal de jardinage est un héritage, un témoignage de la passion d'un jardinier pour la terre. Il peut inspirer et guider les générations futures, leur offrant un aperçu des connaissances accumulées, des émotions vécues et de l'amour versé dans chaque parcelle de terre. C'est une histoire personnelle, certes, mais aussi un chapitre dans la grande histoire de l'interaction humaine avec la nature.

Cette histoire du journal de jardinage est donc une invitation à observer, à réfléchir et à célébrer. Elle nous incite à prendre le temps de noter, de rêver et de planifier, de reconnaître les cycles et les saisons non seulement dans le jardin mais dans la vie elle-même. Dans l'acte d'écrire, nous trouvons une connexion plus profonde avec notre environnement, une appréciation renouvelée pour les merveilles du monde naturel, et une compréhension plus intime de notre propre place dans cet univers foisonnant de vie.

Partie 15: Conclusion et Chemin à Suivre

Dans la conclusion de ce voyage à travers le jardin de la vie, où chaque parcelle cultivée raconte une histoire de croissance, de découverte et de connexion, nous nous arrêtons pour contempler le chemin parcouru, récoltant les leçons apprises et les bénéfices inestimables que le jardinage nous a offerts. Cette réflexion n'est pas une fin, mais un tremplin vers de nouvelles aventures horticoles, une invitation à poursuivre cette relation profondément enrichissante avec la terre.

15.1 Leçons Apprises et Bénéfices du Jardinage

Le jardinage, plus qu'une simple activité physique, est une quête spirituelle et émotionnelle qui nous enseigne la patience, la résilience et l'humilité. Nous avons appris que chaque graine plantée est un acte de foi en l'avenir, que chaque plante qui pousse est un testament de notre capacité à nourrir et à soutenir la vie. Les bénéfices de ces leçons s'étendent bien au-delà du jardin, influençant notre manière de voir le monde, d'interagir avec les autres et de faire face aux défis de la vie.

Le jardinage nous a également appris l'importance de vivre en harmonie avec les cycles naturels, de respecter les limites de notre environnement et de trouver de la beauté dans la simplicité. Il a renforcé notre santé physique par l'exercice régulier et notre santé mentale par le contact avec la nature, offrant une échappatoire au stress et à l'anxiété de la vie moderne. Plus encore, il a créé des communautés de partage et de soutien, tissant des liens indissolubles entre les individus, les générations et les cultures.

15.2 Invitation à l'Action

Fort de ces connaissances et de ces expériences, le moment est venu d'élargir notre horizon, de prendre des initiatives qui vont au-delà de nos jardins personnels. C'est une invitation à partager notre passion avec ceux qui n'ont pas encore découvert les joies du jardinage, à participer à des projets communautaires, à défendre les causes environnementales et à promouvoir la durabilité dans toutes nos actions. Chaque petit pas que nous faisons est une graine plantée pour un avenir plus vert et plus conscient.

Nous sommes également encouragés à continuer notre éducation, à rester curieux et ouverts aux nouvelles idées et techniques qui peuvent enrichir notre pratique du jardinage. Que ce soit à travers la lecture, la participation à des ateliers ou le partage d'expériences avec d'autres jardiniers, chaque opportunité d'apprendre est un pas de plus dans notre voyage avec la nature.

15.3 Ressources Supplémentaires

Pour ceux désireux de creuser plus profondément, une multitude de ressources s'offre à vous. Les bibliothèques locales, les centres de jardinage, les universités et les sites web dédiés au jardinage offrent une richesse d'informations sur tous les aspects du jardinage, de la permaculture aux techniques de conservation de l'eau, en passant par la création de jardins communautaires et la lutte biologique contre les nuisibles.

Les organisations à but non lucratif et les groupes communautaires offrent des opportunités de volontariat et d'engagement, permettant de mettre en pratique les leçons apprises et de contribuer à des projets qui bénéficient à la communauté et à l'environnement. Les forums en ligne et les réseaux sociaux peuvent également être d'excellentes plateformes pour partager des conseils, poser des questions et se connecter avec une communauté mondiale de jardiniers.

En conclusion, notre voyage dans le monde du jardinage est loin d'être terminé. Chaque jour offre une nouvelle opportunité de croissance, d'apprentissage et de partage. En suivant les saisons, en écoutant la terre et en travaillant main dans la main avec la nature, nous continuons à tisser une histoire qui nourrit non seulement nos corps mais aussi nos âmes. Le jardinage, dans toute sa beauté et sa complexité, reste une source infinie d'inspiration, un chemin vers un avenir où l'harmonie avec la nature n'est pas seulement possible, mais essentielle.

Remerciement

Dans la quiétude du crépuscule, alors que les derniers rayons du soleil caressent doucement les feuilles et que le jardin sombre lentement dans un repos bien mérité, je prends la plume pour exprimer ma gratitude, une tâche aussi essentielle que l'arrosage des jeunes pousses au lever du jour. Ce moment de réflexion me permet de reconnaître ceux sans qui "Jardiner pour vaincre l'anxiété et cultiver le bonheur" n'aurait jamais pris racine, ni fleuri avec tant de vigueur.

Tout d'abord, je dois une immense gratitude à la nature elle-même, ma muse et mon guide, qui m'a offert non seulement le cadre de cette œuvre mais aussi les leçons entrelacées dans chaque chapitre. Aux jardins qui ont été mes salles de classe, aux plantes qui ont été mes professeurs, j'offre mes remerciements les plus sincères pour leur sagesse silencieuse et leur résilience inspirante.

À ma famille et à mes amis, ces piliers de soutien et d'amour inconditionnel, je dédie une profonde reconnaissance. Votre encouragement constant et votre foi en ma vision ont été le sol fertile sur lequel j'ai pu semer mes idées et cultiver ma passion. Votre présence est comme l'eau et la lumière pour mes aspirations, essentielle à leur croissance.

Je tiens également à remercier chaque membre de la communauté des jardiniers, depuis les novices jusqu'aux mains vertes expérimentées, qui partagent la même passion pour la terre et tout ce qu'elle offre. Votre esprit de partage, votre générosité en conseils et en graines, ont enrichi ce livre de multiples façons. Cette œuvre est également la vôtre, un témoignage de notre amour commun pour le jardinage.

Aux chercheurs, aux thérapeutes, et aux éducateurs qui ont exploré et validé les liens profonds entre le jardinage, la santé mentale et le bien-être, je vous remercie pour votre travail acharné et vos découvertes. Votre expertise a été une source inestimable d'informations et d'inspirations qui ont donné une assise scientifique et pratique à mes écrits.

Un merci spécial à l'équipe éditoriale, aux correcteurs, aux designers et à tous les professionnels qui ont travaillé en coulisse pour transformer un manuscrit brut en un livre raffiné. Votre dévouement, votre talent, et votre attention aux détails ont donné vie à cette histoire de manière plus belle que je n'aurais jamais pu l'imaginer.

Enfin, mais non des moindres, je souhaite exprimer ma gratitude à vous, chers lecteurs. Votre soif de connaissance, votre désir de croissance et votre engagement envers le jardinage comme voie de guérison et de bonheur sont la véritable raison d'être de ce livre. Ce voyage, bien que tracé par mes mots, est le vôtre à parcourir. J'espère qu'il vous inspirera, vous éclairera et vous réconfortera, comme le jardinage l'a fait pour moi.

Avec toute ma reconnaissance et mon espoir que les graines de sagesse contenues dans ces pages trouveront un sol fertile dans vos cœurs et vos esprits,

Saad Rahal

Table des matières

Biographie

Saad Rahal, auteur de "Jardiner pour vaincre l'anxiété et cultiver le bonheur", est un jardinier passionné et un fervent défenseur du bien-être mental par le biais de la connexion à la nature. Né dans le creuset de la diversité culturelle et environnementale, Saad a trouvé dans le jardinage non seulement un refuge contre les tourbillons de la vie moderne mais aussi une source inépuisable d'inspiration et de guérison.

Son parcours vers le jardinage thérapeutique a débuté dans son propre jardin, un petit espace de verdure qu'il a transformé en un sanctuaire de paix et de biodiversité. Au fil des saisons, Saad a découvert que chaque plante cultivée, chaque fleur épanouie, et chaque heure passée les mains dans la terre contribuaient à apaiser son esprit et à fortifier son âme. Cette expérience personnelle, profondément transformatrice, l'a conduit à explorer les liens entre le jardinage, la santé mentale et le bien-être émotionnel, un voyage qui est au cœur de son livre.

Saad Rahal est diplômé en botanique et en psychologie, une combinaison qui reflète son intérêt pour l'interface entre les êtres humains et le monde naturel. Après avoir travaillé plusieurs années dans le domaine de la santé mentale, il s'est rendu compte que, bien que les approches traditionnelles soient essentielles, il existait un besoin profond de thérapies complémentaires qui reconnectent l'individu à la simplicité et à la richesse de la vie naturelle.

À travers ses écrits, Saad cherche à partager la sérénité qu'il a trouvée dans le jardinage, en offrant des conseils pratiques, des réflexions philosophiques, et des anecdotes personnelles qui illustrent comment cette pratique ancestrale peut servir de pont vers une vie plus équilibrée et harmonieuse. Son style, influencé par des auteurs tels qu'Alys Fowle, marie élégance littéraire et accessibilité, invitant les lecteurs à voir le jardinage non seulement comme un acte de culture de plantes mais aussi comme une culture de soi.

Actif dans la communauté du jardinage, Saad anime des ateliers et des conférences, partageant son expertise et sa passion avec tous ceux qui cherchent à enrichir leur vie à travers le jardinage. Il est également un contributeur régulier à des publications sur le jardinage et le bien-être, où il explore les nouvelles recherches et tendances dans le domaine du jardinage thérapeutique.

Dans "Jardiner pour vaincre l'anxiété et cultiver le bonheur", Saad Rahal nous invite à redécouvrir notre lien inné avec la terre, nous rappelant que, dans le rythme de la nature, nous pouvons trouver les clés d'une vie pleine de paix, de joie, et de sens.